Die Bibel für Kinder

Geschichten aus dem Alten Testament

Geschichten aus dem Neuen Testament

I
Geschichten aus dem Alten Testament

Wie Gott der Herr die Welt erschuf

Die sieben Tage der Schöpfung

Es ist so lange her, dass niemand es sich vorstellen kann, nicht einmal der Gescheiteste.

Es gab keine Menschen, keine Tiere, keine Bäume und keine Sträucher, keine Blumen und kein Gras, keine Berge und Täler, ja nicht einmal Erde und Wasser.

Überall war rabenschwarze Finsternis.

Nur Gott der Herr war da, der alles weiß und alles kann, der keinen Anfang und kein Ende hat.

Und Gott der Herr schuf den Himmel und die Erde und sprach: „Es werde Licht."

Da verschwand das Dunkel dorthin, wohin das Licht nicht dringen konnte. Das Licht nannte er „Tag" und das Dunkel „Nacht".

Dies, berichtet die Bibel, war der erste Tag der Schöpfung.

Dieser Schöpfungstag und alle anderen, von denen wir noch hören werden, waren viel, viel länger als unsere Tage.

Sie dauerten so lange, dass niemand es sich vorstellen kann.

Gott der Herr gab dem Himmel tagsüber das Blau. Es verschwand, sobald der Tag verging, im Dunkel der Nacht.

Und er sammelte das Wasser am Himmel in kleinen weißen Wölkchen, die heiter aussahen, und in riesigen grauen und schweren Wolken, in denen sich Blitz und Donner verbargen.

Dies, berichtet die Bibel, geschah am zweiten Tag der Schöpfung.

Gott der Herr ließ das Wasser auf der kahlen, wüsten Erde zusammenströmen, um es vom Lande zu trennen.

Er sammelte es aber nicht in einem einzigen großen Meer.

Das Wasser auf der Erde sollte leben und sich bewegen.

So schuf Gott der Herr die Quellen, aus denen es heraussprudelt. Er schuf die Bächlein, in denen es weiterplätschert, die Flüsse und Ströme, in denen es dahinrauscht, und die Seen und Meere, in die es mündet.

Das lebendige Wasser sollte Leben spenden und Lebendiges wachsen lassen.

Dort, wo die Erde mit Wasser getränkt wurde, ließ Gott der Herr Pflanzen sprießen: Gräser und Kräuter, Büsche, Sträucher und Bäume. Die Bäume setzte er zu Wäldern zusammen. Und im Wasser ließ er grüne, braune und rote Algen leben, die sich wie lang gewelltes Haar in der Strömung wiegen, dazu Wasserlinsen und Schilf, dessen Wurzeln im Wasser baden.

Und er sorgte dafür, dass sich die Pflanzen vermehrten.

Das war der dritte Tag der Schöpfung.

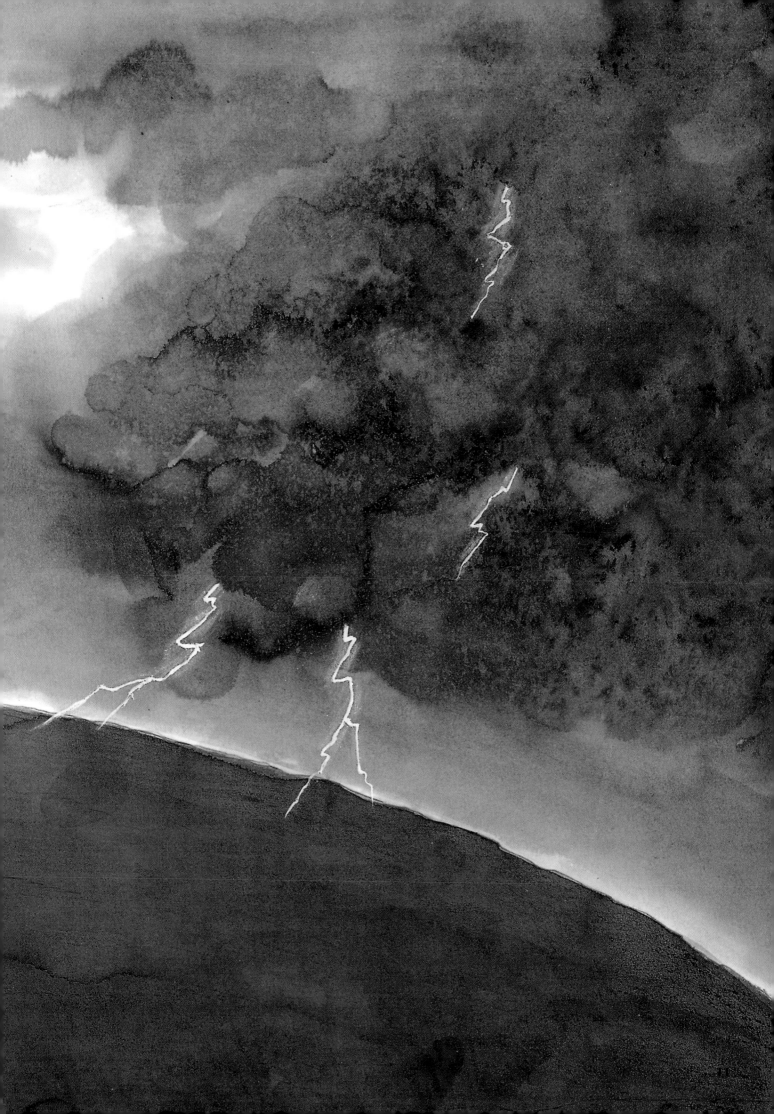

Am vierten Tag schuf Gott der Herr die mächtigen Lichter am Himmel: die Sonne für den Tag, Mond und Sterne für die Nacht.

Im Sonnenlicht gediehen die Gräser und Kräuter, die Sträucher, Büsche und Bäume zu üppiger Pracht.

Die Sonne bestimmte den Morgen (da erschien sie), den Mittag (da stand sie am höchsten) und den Abend (da ging sie zur Ruhe).

Und sie bestimmte die Jahreszeiten. Wenn die Tage am längsten dauerten und Bäume und Sträucher die kürzesten Schatten warfen, dann war Sommer.

Wenn die Sonne nicht mehr hoch am Himmel stand, kaum noch wärmte und die Schatten am kürzesten waren, dann war die Zeit der Winterruhe.

Diese Ruhe ist notwendig, sie gibt neue Kraft.

Das war der vierte Tag der Schöpfung.

Am fünften Tag ließ Gott der Herr das Wasser von vielen kleinen und großen Tieren wimmeln.

Krebse und Schnecken, schillernde Fischlein und wendige Delfine tummelten sich darin und erfüllten es mit Leben.

Sie schwammen auf dem Grund des Meeres, in sonnigen Buchten und draußen auf hoher See.

Doch auch der Himmel sollte von Leben wimmeln.

Da schuf Gott der Herr die Vögel, kleine und große, Meisen und Amseln, Tauben, Falken und mächtige Adler, und ihr Gesang erfüllte die Luft.

Gott der Herr segnete die Tiere und sprach: „Seid fruchtbar und vermehrt euch, füllt die Wasser des Meeres und die Luft des Himmels."

An Land gab es noch keine Tiere.

Da schuf Gott der Herr am sechsten Tag die Tiere des Feldes und das Vieh.

Der Erdboden wimmelte von kleinen und großen Tieren, von Käfern und Salamandern, Schildkröten und Schlangen.

Gott der Herr sah, dass es gut war, und freute sich daran.

Er sprach: „Nun will ich den Menschen erschaffen. Er soll herrschen über die Vögel des Himmels, über das Vieh, über das Wild des Feldes und über alles, was sich auf der Erde regt."

Aus dem Staub der Erde bildete er den Menschen und hauchte ihm den Lebensatem ein.

So wurde der Mensch ein lebendiges Wesen. Und weil Gott der Herr nicht wollte, dass der Mensch allein sei, schuf er ihn als Mann und Frau.

Er segnete Mann und Frau und sprach: „Euch und euren Kindern schenke ich die Erde mit den Fischen des Wassers, den Vögeln des Himmels und den Pflanzen und Tieren auf dem Land. Geht gut damit um."

Vollendet waren nun Himmel und Erde und alles, was dazu gehört. Gott ruhte aus von seinem Werk.

Den siebten Tag bestimmte er für alle Zeit zum Tag der Ruhe.

Die ersten Menschen

Das Paradies

Die ersten Menschen hießen Adam und Eva. Sie wohnten im Garten Eden, den Gott der Herr für sie erschaffen hatte. Es war ein wunderschöner Garten mit fruchttragenden Bäumen und Sträuchern darin, mit vielen Tieren und kristallklarem Wasser. Adam und Eva nannten ihn „das Paradies".

Gott der Herr sprach zu ihnen: „Von allen Bäumen dürft ihr essen. Nur von dem Baum, der in der Mitte des Gartens steht, esset nicht. Wenn ihr von seinen Früchten esst, müsst ihr sterben." Adam und Eva lebten glücklich im Paradies. In die Nähe des verbotenen Baumes gingen sie nicht.

Doch da war die Schlange. Sie war listiger als alle anderen Tiere und wollte die Menschen verderben.

Eines Tages, als Eva Blumen pflückte, sagte die Schlange zu ihr: „Warum meidet ihr den Baum, der die herrlichsten Äpfel trägt?"

„Gott der Herr hat uns verboten, von den Früchten dieses Baumes zu essen", antwortete Eva. „Wenn wir davon essen, müssen wir sterben."

„Aber nein", sagte die Schlange. „Wenn ihr davon esst, werdet ihr wie Gott sein und wissen, was gut und böse ist."

Eva glaubte der Schlange und wollte ebenso weise sein wie Gott der Herr. Sie lief zu dem Baum in der Mitte des Gartens, pflückte einen Apfel und aß davon. Die Frucht schmeckte köstlich.

Eva rief Adam, und auch er aß von dem Apfel.

Da erkannten sie, dass sie nackt waren, schämten sich und verbargen sich hinter Gebüsch.

Gott rief nach ihnen und fragte, warum sie sich versteckten.
„Wir schämen uns vor dir, weil wir nackt sind", antwortete
Adam.
„Wenn ihr wisst, dass ihr nackt seid, habt ihr von dem
verbotenen Baum gegessen", zürnte der Herr.
„Die Schlange hat mich verführt", sagte Eva.
Gott der Herr verwünschte die Schlange; und zu Adam und
Eva sagte er: „Weil ihr mir nicht gehorcht habt, verbanne ich
euch aus dem Paradies. Mühselig und mit harter Arbeit sollt
ihr euer Leben verbringen, bis der Tod euch von der Erde
nimmt."
Er gab ihnen Kleider aus Fellen und wies sie aus dem
Paradies hinaus. Vor den Eingang des Gartens stellte er einen
Engel mit einem flammenden Schwert.

Kain und Abel

Adam und Eva, berichtet die Bibel, wurden die Ureltern aller Menschen.

Zuerst bekamen sie zwei Söhne. Sie nannten sie Kain und Abel. Kain wurde Ackerbauer, Abel ein Schäfer.

Eines Tages bauten sie Altäre aus Steinen und opferten Gott dem Herrn. Der Rauch von Abels Opfer stieg zum Himmel hinauf, Kains Opferrauch kroch auf der Erde entlang.

Gott liebt meinen Bruder mehr als mich, dachte Kain, und Hass kam über ihn. Er warf Abel zu Boden und schlug ihn tot.

Da hörte er die Stimme des Herrn: „Kain, wo ist dein Bruder?" „Wie soll ich das wissen?", antwortete Kain trotzig. „Ich bewache ihn nicht."

„Abels Blut schreit zu mir empor!", rief der Herr. „Zur Strafe für diesen Mord sollst du keine Ruhe finden auf Erden, bis der Tod dich erlöst!"

Kain floh, ohne Vater Adam und Mutter Eva Lebewohl zu sagen.

Noah und die Arche

Die Raufbolde

Adam und Eva bekamen noch viele Kinder, und die Menschen vermehrten sich auf der Erde. Sie konnten mit Gott dem Herrn reden. Er sprach zu ihnen, und sie verstanden, was er sagte.

Doch dann mehrten sich die Stimmen, die fragten: „Wozu brauchen wir einen Herrgott? Wir machen doch alles selbst! Wir säen Korn, ernten die Früchte und bauen Häuser. Wir plagen uns ab, und er verlangt von uns, dass wir ihm gehorchen sollen. Das ist ungerecht. Was tut er schon?"

Der alte Noah und seine Familie waren anderer Meinung. „Versündigt euch nicht", mahnte Noah die Unzufriedenen. „Was wäre die Saat ohne den Segen des Herrn? Wo wären die Früchte ohne seine Sonne, seinen Regen, seinen Wind und seine Bienen, die die Blüten bestäuben? Wo wären unsere Häuser, wenn der Herr sie nicht vor Sturm und Blitz beschützte? Wo wären wir und unsere Kinder, wenn er uns nicht alle vor Unheil behütete?"

Die Unzufriedenen ließen sich dadurch nicht zum Schweigen bringen. Je länger sie redeten, desto mehr predigte Noah tauben Ohren. Bald hörten sie nur noch ihre eigenen Stimmen und Gottes Stimme nicht mehr.

Die Starken unter den Unzufriedenen sagten zueinander: „Warum arbeiten wir mit unseren eigenen Händen? Lassen wir doch jene für uns schuften, die schwächer sind als wir!"

Der Wortführer der Schwachen sagte zu den Schwachen:
„Wenn die Starken uns zwingen wollen, für sie zu arbeiten,
müssen wir uns wehren. Wenn wir alle zusammenhalten,
sind auch wir stark!"

Noah predigte weiterhin von Gott dem Herrn, dessen
Stimme er vernahm, weil er nicht auf die Hetze hörte. Im
Namen Gottes bat er alle, friedlich miteinander zu leben.

„So ein Unsinn!", höhnten die Starken.

„So etwas Dummes!", spotteten die Schwachen.

Die Starken schlugen auf die Schwächeren ein, die
Schwachen schlugen zurück. Es gab Mord und Totschlag,
Raub und Quälerei. Es starben Frauen, Männer, Kinder und
Vieh. Häuser und Hütten verbrannten, Wälder gingen in
Flammen auf. Die Menschen wüteten wie wilde Tiere.

Sie nannten es Krieg.

Da reute es Gott den Herrn, dass er diese Raufbolde
erschaffen hatte. Er beschloss, alles zu vernichten, was
auf Erden lebte, damit wieder Frieden werde.

Zu Noah sagte er: „Baue ein gewaltiges Schiff aus dem Holz
der Zypressen. Es soll drei Stockwerke und viele Kammern
haben. Dichte es mit Pech ab und schließe es oben mit einem
schrägen Dach, von dem das Wasser, das vom Himmel kommt,
ablaufen kann. Ich werde eine gewaltige Flut über die Erde
bringen und alles, was atmet, verderben. Dich und deine
Familie will ich retten, dazu von allen Tieren ein Paar. Nimm,
wenn es so weit ist, von den Tieren der Erde je ein Männchen
und ein Weibchen in das große Schiff, damit sie am Leben
bleiben und sich vermehren; dazu einen Vorrat an Essen
und Futter. Beeile dich!"

Noah und seine Söhne begannen mit dem Bau des
riesigen Schiffes. Vater Noah nannte es „die Arche".

Das Schiff auf dem Trockenen

Noah, seine Söhne und die Frauen arbeiteten vom frühen Morgen bis in den späten Abend hinein. Die Männer fällten mächtige Bäume und schlugen die Stämme zu festen Balken und dicken Brettern zurecht. Die Frauen trugen Korn und Früchte zusammen, dörrten Fleisch und füllten Milch und Honig in Krüge. Dies sollte die Nahrung der Menschen sein. Für die Tiere sammelten sie große Mengen Futter.

Bei den anderen Leuten sprach sich rasch herum, dass der alte Noah und seine Familie verrückt geworden seien. Männer, Frauen und Kinder liefen heran, guckten zu, tippten sich an die Stirn, grinsten, lachten und spotteten. Da bauten diese Narren auf dem größten Hügel des Landes ein riesiges Schiff zusammen. Ein Schiff auf dem Trockenen! Wo es weit und breit keinen See gab, in dem das Ungetüm Platz gehabt hätte!

Und Noahs Weib und die Frauen seiner Söhne schleppten Vorräte an, als ob sie bis ans Ende der Welt reisen wollten!

Diese Verrückten!

Diese Narren!

Diese Spinner!

Ein bisschen seltsam kam einigen vor, wie geschickt Noah, Sem, Ham und Jafet das Riesenschiff zusammenbauten. Wo hatten die das bloß gelernt?

Die Gaffer ahnten nicht, dass Gott der Herr dem Noah zeigte, was er und seine Söhne tun mussten. Die Spötter sahen den Herrn nicht mehr und hörten auch nicht seine Stimme.

Noah und die Seinen sahen ihn und taten, was er ihnen sagte. Auf den Spott der anderen hörten sie nicht.

Die Arche wuchs, die Vorräte häuften sich davor. Immer lauter höhnten die Gaffer. Noah und seine Söhne hatten ein großes Tor in die Schiffswand gebaut; so groß, dass ein Elefant hindurchspazieren konnte!

Dafür gab es in dem ganzen Kasten nur wenige kleine

Fenster mit dicken Holzläden davor. Und wozu brauchten die
Narren drei Stockwerke mit so vielen Kammern darin?
Jetzt schleppten sie Kübel mit Pech heran.
Na, so was!
Alle Fugen und Ritzen des Riesenkastens verstrichen sie mit
dem Pech, außen und innen.
Dann schafften sie die Vorräte hinein.
„Gute Reise!", riefen die Spötter. „Und gebt Acht, dass ihr im
Gras nicht ertrinkt!"
In das schallende Gelächter rief eine entsetzte Stimme:
„Rettet euch, Leute! Da kommen die Tiere!"

Die Tiere kommen

Selbst Noah staunte.

Die Frauen und die Söhne rissen Mund und Augen auf.

Schreiend liefen die Gaffer und Spötter auseinander.

Es war aber auch zum Fürchten.

Eine gewaltige Herde von Tieren stapfte und tappte,
huschte und kroch, flog und flatterte heran.

Es brüllte und grunzte, fauchte und gackerte, zischte und
zwitscherte, wieherte und schnatterte, meckerte, quakte,
bellte und heulte und quiekte und pfiff.

Sie kamen in langer Reihe, immer ein Männchen
und ein Weibchen nebeneinander.

Löwen, Tiger, Pferde und Affen,

Bären, Ziegen, Schweine und Rinder,

Hasen, Igel, Giraffen und Hunde,

Heuschrecken, Ameisen, Kamele und Schafe,

Vögel aller Arten,

Schmetterlinge, Hummeln und Bienen,

Frösche, Kröten, Krokodile, Schlangen,

von allen Tieren ein Paar.

Und keines bedrohte das andere:
der Löwe das Zebra nicht, die Katze nicht die Maus, der Igel
nicht Würmer und Käfer ...

In schönster Ordnung bewegte sich der Zug auf das Tor in
der Arche zu.

Noah hörte die Stimme des Herrn: „Ich habe die Tiere ausge-
sucht und die Herde zusammengestellt. Du, Noah, hättest zu
viele vergessen. Ich werde dir auch helfen, Plätze für alle zu
finden."

Als die Gaffer merkten, dass die Tiere friedlich waren, kamen
sie zur Arche zurück. Staunend sahen sie, wie die Herde im
Kasten verschwand.

Noch einmal zeigten sich Noah, seine Söhne, Naamah und die
Frauen der Söhne im großen Tor. Sie hoben die Arme zum
Himmel, als ob sie jemandem nachwinkten.
Dann schlug die Tür zu.
Als nichts weiter geschah, verliefen sich die Neugierigen.
Jetzt spotteten sie noch ärger über Noah, der mit seiner
Familie und einer Menge von Tieren beim allerschönsten
Sonnenschein in einem finsteren Kasten hockte.
So ein Narr!

Die große Flut

Auf Befehl des Herrn hatte Noah das Tor und die Fenster geschlossen. Trotzdem war es in der Arche nicht finster. In allen Kammern war mildes Licht.

Am Morgen des siebten Tages schickte Gott der Herr die große Flut, wie er es Noah gesagt hatte. Wasserströme quollen aus dem Boden und rauschten vom Himmel herunter. Bäche, Flüsse und Seen traten über ihre Ufer und überschwemmten das Land. Furchtbare Gewitter ließen die Erde beben.

In schrecklicher Angst liefen die Menschen und Tiere aus Häusern, Hütten, Ställen, Höhlen und Gängen. Da war niemand mehr, der jetzt noch gespottet hätte.

Unheimlich rasch stieg das Wasser an. Es begrub Gärten und Felder, Dörfer und Städte.

Menschen und Tiere flüchteten auf Hügel und Berge, aber auch hierher folgte ihnen die Flut.

Einige rannten zu Noahs Schiff. Doch als sie bis auf wenige Schritte herangekommen waren, überschwemmte das Wasser den Hügel und trieb die Arche davon.

Unbarmherzige Kämpfe um die letzten trockenen Plätze auf den Berggipfeln entbrannten zwischen Menschen und Tieren, Starken und Schwachen. Und die wildesten Krieger hatten oft die größte Angst.

Kämpfe gab es auch um treibende Bretter, Balken und Baumstämme. Niemand siegte dabei. Nach einigen Tagen und Nächten gingen selbst die Allerstärksten unter.

Und weiterhin prasselte der Regen nieder, weiterhin spie der Erdboden Wasser aus, das in der Tiefe geruht hatte.

Vierzig Tage und Nächte lang.

Bis auch die höchsten Bergspitzen in der großen Flut versanken.

Noahs Arche hielt stand. Sie trotzte den stärksten
Sturmstößen und überwand die gefährlichsten Wogen.
Noah und sein Weib, seine Söhne und deren Frauen hatten
viel zu tun. Wenn die Arche so gefährlich schwankte, dass sie
umzukippen drohte, mussten sie die verängstigten Tiere
beruhigen. Dabei hatten sie selbst große Furcht.
Dann mussten sie die Tiere füttern und den Weibchen helfen,
die unterwegs Junge bekamen.
Alle atmeten erleichtert auf, als Sturm und Regen nach vierzig
Tagen und Nächten aufhörten.
Zwar sank das Wasser noch lange nicht, aber die Arche glitt
jetzt ruhig dahin.

Der Rabe und die Taube

Nach hundertfünfzig Tagen schickte Gott der Herr trockenen Wind über die Erde, und das Wasser begann zu sinken.

Die Arche stieß auf festen Boden und schwamm nicht weiter. Sie stand auf dem Gipfel des Ararat. Das ist ein mächtiger Berg im Morgenland (also dort, wo am Morgen die Sonne aufgeht).

Das Wasser sank tiefer und tiefer. Immer mehr Bergspitzen ragten aus der Flut heraus.

Nach vierzig Tagen öffnete Noah ein Fenster der Arche und ließ einen Raben fliegen.

Der Rabe stieg hoch in die Luft und schoss dann krächzend davon. Mit seinen scharfen Augen hatte er in weiter Ferne etwas Dunkles auf einer anderen Bergspitze entdeckt. Es war der leblose Körper eines Büffels, den das Wasser angetrieben hatte.

Weil Raben Aasfresser sind, war das ertrunkene Tier dem Raben des Noah eine willkommene Beute. Sie reichte für lange Zeit.

Der Rabe blieb auf der Bergspitze. Auf seine Botschaft warteten die Menschen in der Arche vergebens.

Nach sieben Tagen ließ Noah eine Taube fliegen.

Sie stieg hoch in die Luft und zog weite Kreise.

Doch noch waren alle Wälder, Gärten und Wiesen auf der Erde überschwemmt. Vergebens spähte die Taube nach einem Baum, auf dem sie ihr Nest bauen konnte. Sie entdeckte kein einziges Fleckchen Grün. Die kahlen Felsgipfel der hohen Berge sagten ihr nicht zu.

Da kehrte sie in die Arche zurück.

Nach weiteren sieben Tagen sandte Noah die Taube zum zweiten Mal aus.

Als sie am Abend wiederkam, trug sie den Zweig eines Ölbaums im Schnabel. An dem Ästchen waren frische, grüne Blätter.

Da wusste Noah, dass sich die Wasser der großen Flut verlaufen hatten. Weil er aber ein vorsichtiger Mann war, ließ er die Taube zum dritten Mal fliegen.

Jetzt kam sie nicht mehr zurück.

Die Erde war trocken geworden.

Gott der Herr sprach zu Noah: „Verlasse die Arche mit deinem Weib, deinen Söhnen, ihren Frauen und allen Tieren, die bei dir sind. Ich schenke euch und euren Nachkommen die neue Erde. Geht in Frieden."

Da ging Noah mit seinen Söhnen, seinem Weib Naamah und den Frauen seiner Söhne aus der Arche hinaus, und alle Tiere folgten ihnen.

Die Jungen, die in der Arche zur Welt gekommen waren, sprangen fröhlich um ihre Mütter herum: das Kälbchen um die Kuh, das Fohlen um die Stute, die Ferkelchen um das Mutterschwein, die Küken um das Huhn.

Noah baute einen Altar aus Steinen und brachte dem Herrn ein Dankopfer dar.

Der Regenbogen

Gott der Herr freute sich am jubelnden Dank der glücklichen Menschen.

Er sprach zu ihnen: „Es soll Friede zwischen mir und euch sein. Nie mehr werde ich die Erde um der Menschen willen verderben. Nicht aufhören sollen Aussaat und Ernte, Kälte und Hitze, Sommer und Winter, Tag und Nacht."

Dann segnete er Noah, Naamah, Sem, Ham, Jafet und ihre Frauen und sagte: „Zum Zeichen des Friedens zwischen mir und euch setze ich einen Bogen in die Wolken. Sooft ihr ihn leuchten seht, sollt ihr wissen, dass ich euch gnädig bin."

Und Gott der Herr ließ den Regenbogen zum ersten Mal in himmlischen Farben erstrahlen.

Noah sah ihn noch viele Male, denn er starb erst in sehr, sehr hohem Alter. Das berichtet die Bibel.

Noahs Söhne und ihre Frauen, erzählt sie weiter, bekamen Kinder und Enkel. Diese zerstreuten sich über die Erde und wurden die Stammeltern aller Völker.

Und noch heute leuchtet der Bogen des Herrn nach Regen und Sturm in den Strahlen der Sonne.

Der Turm zu Babel

Noahs Nachkommen vermehrten sich. Eine Generation folgte auf die andere, und bald waren die Menschen wieder sehr zahlreich. Dennoch sprachen sie nur eine Sprache und benutzten dieselben Worte.

Eines Tages erreichten sie auf ihren Wanderungen eine große Ebene, die genug Platz für viele Menschen bot.

Sie beschlossen, dort eine Stadt zu gründen.

„Lasst uns Ziegel brennen und einen großen Turm errichten, der bis zum Himmel reicht", sagten sie. „Wir wollen ein Zeichen setzen unserer Kraft und Stärke."

Gott der Herr aber grollte den Menschen. „Sie sind übermütig geworden und werden sich bald für allmächtig halten. Ich werde ihre Sprache verwirren." Und so geschah es.

Auf den Baustellen herrschte bald große Verwirrung. Die Menschen verstanden einander nicht mehr und gingen auseinander. Sie zerstreuten sich über die ganze Erde und sprachen fortan verschiedene Sprachen.

Die Erzväter

Abraham gehorcht Gott

Unter Noahs Nachkommen lebte auch ein Mann, der Abraham hieß. Mit seiner Familie und den Schafherden zog er umher auf der Suche nach guten Weideplätzen. Eines Tages sprach Gott der Herr zu ihm: „Ziehe fort aus deiner Heimat, verlasse die Stätte deines Vaters und geh in das Land, das ich dir zeigen werde. Ich will dich zum Vater eines großen Volkes machen. Durch dich sollen alle Völker der Erde gesegnet sein."

Abraham tat, was Gott der Herr ihm befohlen hatte. Mit seiner Frau Sara, seinem Neffen Lot, dem Vieh und all seiner Habe brach er auf, um in das verheißene Land zu ziehen. Er war schon fünfundsiebzig Jahre alt und hatte keine Kinder. Nach langer Wanderung erreichten sie das Land Kanaan, wo es fruchtbare Weideplätze gab. Dort trennten sich Lot und Abraham. Lot ließ sich im Jordantal nieder, Abraham blieb in den Bergen.

Die Hügel, in denen Abrahm sich niedergelassen hatte, waren nicht so fruchtbar wie das Tal. Doch wieder sprach Gott der Herr zu Abraham. „Schau dich um. Dies ganze Land, so weit du siehst, will ich dir und deinen Nachkommen geben." Abraham aber war betrübt. „Niemand wird da sein und meine Reichtümer erben, wenn ich eines Tages sterbe. Denn ich habe kein einziges Kind."

Doch Gott der Herr sprach: „Du wirst so viele Nachkommen haben wie es Staubkörner auf der Erde gibt." Da fasste Abraham neues Vertrauen. Er wusste, Gott dem Herrn war nichts unmöglich. Er würde sein Versprechen halten.
Und nach langen Jahren des Wartens wurde es endlich wahr: Sara und Abraham bekamen einen Sohn, den sie Isaak nannten. Ihre Herzen waren erfüllt von Glück, wenn sie ihn ansahen. Sie liebten ihr einziges Kind über alles.

Sodom wird zerstört

Abrahams Neffe Lot lebte, wenn er nicht mit seinen Schafherden umherzog, in der Stadt Sodom. Die Stadt stand in schlechtem Ruf; ihre Bewohner führten ein abscheuliches Leben. Sie begingen großes Unrecht und machten sich vieler Verfehlungen schuldig.

Gott der Herr sprach: „Ich will Boten hinsenden. Sie sollen mir sagen, ob die Klagen zu Recht erhoben werden. Wenn es so ist, werde ich die Stadt vernichten."

Abraham wollte ein gutes Wort für die gerechten Bewohner der Stadt einlegen und bat Gott um Gnade. „Vielleicht leben dort zehn Gerechte. Willst du sie ebenfalls vernichten? Das wäre Unrecht."

Gott hatte ein Einsehen. Aber Abrahams Bitte war dennoch nutzlos: Die Boten fanden in der ganzen Stadt nicht einmal zehn Gerechte.

Als sie zu Lots Haus kamen, ermahnten die Gottesboten ihn, Sodom zu verlassen. Lot jedoch zögerte.

Da führten die Boten Lot und seine Frau und seine Töchter hinaus vor die Stadttore und wiesen ihnen den Weg. „Es geht um euer Leben. Lauft schnell und seht euch nicht um. Rettet euch ins Gebirge!"

Dann ließ Gott der Herr Feuer und Schwefel auf die Stadt regnen und vernichtete die Stadt und alles, was auf den Feldern wuchs.

Lots Frau aber konnte ihre Neugier nicht beherrschen und schaute sich um. Auf der Stelle erstarrte sie zu einer Salzsäule.

Als Abraham am nächsten Morgen ins Tal schaute, sah er nichts als Rauch, der von der Erde aufstieg. Von der Stadt und dem fruchtbaren Land war nichts geblieben, nur leere, kahle Wüste.

Gott stellt Abraham auf die Probe

Abraham hatte sein Leben lang auf Gott vertraut. Doch eines Tages stellte Gott ihn auf eine harte Probe. Er wollte prüfen, wie groß Abrahams Gehorsam war.

„Abraham", sprach er, „nimm Isaak, deinen einzigen Sohn, den du über alles liebst, und geh zu einem Berg, den ich dir nenne! Dort sollst du Isaak als Brandopfer darbringen."

Nie zuvor war Abraham so unglücklich und verzweifelt gewesen. Doch er vertraute auch diesmal auf Gott, spaltete Feuerholz, nahm seinen Sohn und ging zu dem Ort, den Gott ihm genannt hatte. Die Reise dauerte drei Tage.

Als sie ankamen, befahl Abraham seinen Knechten, beim Esel zurückzubleiben. Dann ging er allein mit Isaak weiter. Isaak trug das Feuerholz, der Vater die Messer und das Feuer.

„Vater", fragte Isaak, „wir haben eine Fackel, Feuerholz und Messer, doch wo ist das Lamm, das wir opfern wollen?"

„Gott wird sich das Lamm wohl aussuchen, mein Sohn", antwortete Abraham.

Dann baute Abraham aus Steinen einen Altar und schichtete das Feuerholz darauf. Er fesselte seinen Sohn Isaak und legte ihn oben auf den Holzstoß. Schon streckte er die Hand nach dem Messer aus, um seinen Sohn zu schlachten, da rief eine Stimme vom Himmel: „Abraham, Abraham!"

„Hier bin ich", antwortete er.

„Erhebe deine Hand nicht gegen deinen Sohn, und tue ihm nichts zu Leide. Denn jetzt weiß ich, dass du Gott gehorsam bist. Nicht einmal deinen einzigen Sohn hast du mir vorenthalten."

Als Abraham aufschaute, sah er einen Widder, der sich im Gestrüpp verfangen hatte. Er nahm den Widder, brachte ihn als Brandopfer dar und kehrte mit seinem Sohn zu den Knechten und nach Hause zurück.

Eine Braut für Isaak

Eines Tages starb Sara, Isaaks Mutter. Abraham war sehr traurig und weinte an ihrem Totenlager. Dann kaufte er ein Stück Land, auf dem er Sara begrub. Dort wollte auch er begraben werden.

Denn Abraham war inzwischen sehr alt geworden. Er dachte oft daran, dass Gott ihm viele Nachkommen versprochen hatte. Bevor er starb, wollte er für seinen Sohn Isaak eine Frau finden. Er rief daher seinen ältesten Knecht zu sich, zu dem er großes Vertrauen hatte.

„Ich möchte, dass du eine Frau für meinen Sohn Isaak suchst. Geh in das Land, in dem ich geboren bin, und halte dort unter meinen Verwandten nach einer passenden Frau Ausschau."

„Das ist eine weite Reise", antwortete der Knecht. „Was soll ich tun, wenn die Frau, die ich auswähle, mir nicht hierher folgen will? Soll ich dann deinen Sohn dorthin bringen?"

„Hüte dich! Gott hat uns dieses Land hier verheißen. Er wird dafür sorgen, dass du eine Braut findest."

Mit einer reich beladenen Karawane brach der Knecht auf nach Norden. Viele Tage musste er durch die Wüste reiten, bis er das Land erreichte, aus dem Abraham einst fortgegangen war. Am Brunnen vor der Stadt Haran ließ er die Kamele lagern. Er betete zu Gott und bat ihn um ein Zeichen. „Wenn ein Mädchen kommt, werde ich es um einen Schluck Wasser bitten. Wenn es dann nicht nur mir, sondern auch meinen Kamelen zu trinken gibt, ist es die Richtige!"

Kurz darauf kam, den Krug auf der Schulter, ein Mädchen zum Brunnen. Als der Knecht es um einen Schluck Wasser bat, sagte es: „Trinke nur. Auch für deine Kamele werde ich Wasser schöpfen, bis sie genug getrunken haben."

Das gefiel dem Knecht, und er fragte sie nach ihrem Namen.

„Ich heiße Rebekka."

„Habt ihr genug Platz, dass ich mit
meinen Tieren bei euch unterkom-
men kann?"

„Ja. Du kannst bestimmt bei meinem
Vater Rast halten!"
Der Knecht dankte Gott, der ihn
geführt hatte. Rebekka würde die
richtige Braut für Isaak sein.
Er nannte dem Mädchen den
Namen seines Herrn und gab
ihm von dem Schmuck, den
Abraham ihm als Geschenk mit-
gegeben hatte. Rebekka lief nach
Hause, um den Besuch anzukündigen.

Rebekka hatte einen Bruder, der Laban hieß. Als er hörte, was seine Schwester erzählte und die goldenen Ringe und Reifen sah, bereitete er alles für die Gäste vor. Dann lief er zum Brunnen, wo die kleine Karawane wartete.

Laban begrüßte Abrahams Knecht freundlich und führte ihn zum Haus seines Vaters. Er zäumte die Kamele ab, gab ihnen Futter und füllte Schüsseln mit Wasser, damit die Gäste sich waschen konnten.

Sie wollten sich zum Essen niederlassen, da sprach der Knecht: „Ich esse nicht, bevor ich nicht meinen Auftrag ausgerichtet habe."

„So rede", erwiderte Laban.

„Gott der Herr hat Abraham, meinen Gebieter, reich gesegnet. Er besitzt Knechte und Mägde, Schafe und Rinder, Kamele und Esel, Silber und Gold. Und Sara, seine Frau, hat ihm noch im Alter einen Sohn geboren, für den ich eine Frau suchen

soll. Gott der Herr hat mich zu Rebekka geführt. Sie ist freundlich, fleißig und schön."

Rebekkas Familie nickte zustimmend.

„So bitte ich euch", fuhr der Knecht fort, „im Namen meiner Herren Abraham und Isaak, dass ihr Rebekka mit mir ziehen lasst. Wenn ihr nicht einverstanden seid, so sagt es mir, damit ich weiß, wie ich mich verhalten soll."

Da antworteten Rebekkas Vater und Bruder wie aus einem Munde: „Das hat der Herr gefügt. Wir können nichts dazu sagen. Nimm Rebekka und ziehe hin. Sie soll Isaaks Frau werden, so wie es Gott der Herr bestimmt hat."

Dann riefen sie Rebekka und fragten sie: „Willst du mit diesem Manne ziehen".

Sie antwortete: „Ja, ich will."

Abrahams Knecht war sehr glücklich und holte weitere Geschenke aus seinem Gepäck, Schmuckstücke aus Gold und Silber und kostbare Gewänder für die Braut und ihre Familie.

Schon am nächsten Tag brach die kleine Karawane auf. Rebekka nahm Abschied von ihrer Familie; nur ihre alte Amme und einige treue Dienerinnen begleiteten sie.

In Kanaan heirateten Isaak und Rebekka. Sie gewannen sich sehr lieb, und auch Abraham war glücklich über die Schwiegertochter aus dem Land seiner Vorfahren.

Jakob und Esau

Isaak musste, genau wie sein Vater, lange auf Nachkommen warten. Inständig betete er zu Gott, und endlich wurde Rebekka schwanger.

Rebekka spürte, dass sie Zwillinge erwartete. Sie schienen sich in ihrem Bauch zu stoßen und zu treten. Rebekka fürchtete um die Kinder und betete zu Gott.

Da sprach Gott zu ihr: „Zwei Völkerstämme sind es, die in deinem Bauch streiten. Der eine wird dem anderen überlegen sein, und der ältere wird dem jüngeren dienen."

Nach einiger Zeit brachte Rebekka zwei Söhne zur Welt. Der erste besaß am ganzen Leib rötlich blonde Haare, den nannten sie Esau. Der zweite war dunkelhaarig und hatte glatte Haut, den nannten sie Jakob.

Bald zeigte sich, dass die Zwillingsbrüder unterschiedlicher nicht hätten sein können. Esau war ein kräftiger Junge, der gern draußen umherstreifte, oft tagelang wegblieb und ein geschickter Jäger war.

Jakob dagegen war ruhig. Er hielt sich in der Nähe der Zelte auf, ließ sich von seinem Vater Geschichten erzählen oder half seiner Mutter beim Kochen.

Der Vater liebte Esau besonders; Rebekkas Liebling war Jakob.

Eines Tages hatte Jakob gerade ein Essen aus roten Linsen gekocht, als Esau erschöpft von einem Streifzug zurückkam. Er sah in den Topf: „Gib mir von dem roten Zeug da, ich habe Hunger!"

„Nur dann", antwortete Jakob, „wenn du mir dein Recht als Erstgeborener dafür gibst." Es ärgerte ihn, dass Esau als ältester Sohn galt, nur weil er wenige Minuten vor ihm geboren war.

„Das kannst du haben. Ich habe Hunger. Was liegt mir da am Erstgeburtsrecht!"

„Schwöre mir!", forderte Jakob.

Und Esau schwor und verkaufte die Rechte, die er als Erstgeborener hatte, für ein Linsengericht.

Der erschlichene Segen

Als Isaak alt geworden war, ließ seine Sehkraft nach.
Er konnte kaum noch etwas erkennen und rief seinen
ältesten Sohn Esau zu sich.

„Mein Sohn", sprach er.

„Hier bin ich", antwortete Esau.

„Ich bin nun alt geworden und weiß nicht, wann ich sterben
werden. Nimm dein Jagdgerät, den Köcher und den Bogen.
Geh hinaus aufs Feld und jage mir ein Wild. Bereite ein
Gericht daraus, so wie ich es gern habe, und bringe es mir.
Es wird mir Kraft geben. Dann will ich den Segen, den Gott
auf Abraham und mich gelegt hat, an dich weitergeben."

Rebekka hatte an der Zeltwand alles mit angehört. Kaum war
Esau zur Jagd aufgebrochen, rief sie ihren Lieblingssohn Jakob
zu sich und sprach:

„Ich habe gehört, wie dein Vater zu deinem Bruder Esau
gesagt hat: Hol mir ein Wild, und bereite mir daraus ein Mahl,
dann will ich dich segnen, bevor ich sterbe. Nun höre gut zu,
mein Sohn, was ich dir auftrage! Geh zur Herde, schlachte
zwei junge Ziegenböckchen und bring sie mir. Damit werde
ich ein köstliches Mahl für deinen Vater zubereiten, so wie er
es gern mag. Das bringst du ihm und sagst, du seiest Esau.
Dann segnet er dich!"

Jakob war von Zweifeln geplagt. „Wenn mein Vater mich
anfasst, wird er mich erkennen. Esau ist behaart, ich habe
eine glatte Haut. Statt mich zu segnen wird er mich
verfluchen."

Doch Rebekka zerstreute seine Bedenken: „Wenn Isaak etwas bemerkt, nehme ich alle Schuld auf mich. Nun geh und schlachte die Ziegenböckchen."

Da ging er, holte die Tiere und brachte sie seiner Mutter. Rebekka bereitete das Mahl zu. Dann holte sie die Festtagskleider ihres Sohnes Esau und zog sie Jakob an. Um seine Hände und seinen glatten Hals legte sie die Felle der Ziegenböckchen. Jakob trug das Essen ins Zelt des Vaters.

„Wer bist du?", fragte Isaak.

„Ich bin Esau, dein Erstgeborener. Ich habe alles getan, was du mir aufgetragen hast. Hier ist das Essen, das ich für dich zubereitet habe. Iss davon, dann kannst du mich segnen, so wie du es mir versprochen hast", antwortete Jakob.

Isaak sagte: „Wie hast du nur so schnell etwas erjagen können, mein Sohn?"

„Gott hat mir die Tiere über den Weg laufen lassen", antwortete Jakob.

Isaak blieb misstrauisch: „Tritt näher heran, ich will dich betasten, ob du mein Sohn Esau bist oder nicht."

Er fuhr über Jakobs Arme und seinen Hals und sagte: „Die Stimme ist Jakobs Stimme, aber die Arme sind Esaus Arme. Bist du wirklich mein Sohn Esau?"

„Ich bin es", antwortete Jakob.

Da aß Isaak von dem Fleisch, richtete sich auf, umarmte seinen Sohn und küsste ihn. Er roch den Duft von Esaus Kleidung und sprach den Segen für den erstgeborenen Sohn:

„Gott gebe dir vom Tau des Himmels,
vom Reichtum der Erde, viel Korn und Wein.
Dienen sollen dir die Völker,
Stämme sollen sich vor dir verneigen.
Herr sollst du über deine Brüder sein.
Die Söhne deiner Mutter sollen dir huldigen.
Verflucht soll sein, wer dich verflucht,
gesegnet, wer dich segnet."
Kaum hatte Isaak Jakob gesegnet, kam sein Bruder
Esau von der Jagd. Auch er bereitete ein Mahl und
brachte es seinem Vater.
Da fragte ihn Isaak: „Wer bist du?"
„Ich bin dein erstgeborener Sohn Esau."
Isaak überkam ein Zittern. Er ahnte, was geschehen war.
„Dein Bruder Jakob hat alles getan, was ich dir aufge-
tragen hatte. Er fühlte sich an wie du, er roch wie du.
Da habe ich ihn an deiner Stelle als Erstgeborenen
gesegnet. Was geschehen ist, lässt sich nicht ändern."
„Segne auch mich, Vater", bat Esau.
Und Isaak sprach:
„Fern vom Reichtum der Erde sollst du leben
und fern vom Tau des Himmels.
Von deinem Schwert sollst du leben
und deinem Bruder dienen.
Einst aber wirst du dich von seinem Joch befreien."

Jakobs Flucht und Traum

Esau hasste Jakob, der ihn zweimal überlistet hatte.
„Bald wird mein Vater sterben", sagte er sich, „dann werde
ich meinen Bruder Jakob erschlagen."
Die Mutter Rebekka ahnte das Unheil und rief Jakob zu sich:
„Dein Bruder Esau sinnt auf Rache. Er will dich umbringen!
Höre auf mich und flieh in meine alte Heimat, zu meinem
Bruder Laban. Bleibe dort, bis Esaus Zorn verraucht ist. Dann
schicke ich dir einen Boten!"
Jakob packte seine Sachen und verließ die Zelte seiner Eltern,
in denen er so gerne gewohnt hatte. Allein, zu Fuß, ohne
Tiere, zog Jakob in die Fremde.

Viele Tage zog Jakob durch die Wüste. Die Wanderung war
lang und beschwerlich. Wenn am Abend die Sonne unterging,
suchte er sich ein Lager für die Nacht.
Als er sich eines Abends an einem Stein, der ein wenig Schutz
bot, zum Schlafen niederlegte, hatte er einen Traum.
Im Traum sah er eine Treppe, die bis zum Himmel hinauf-
reichte. Engel stiegen die Stufen hinauf und hinab.
Ganz oben stand Gott und sprach: „Ich werde alles tun, was
ich deinem Großvater Abraham versprochen habe. Das Land,
auf dem du liegst, wird dein Eigentum sein, und deine
Nachfahren sollen so zahlreich sein wie der Staub auf der
Erde. Wohin du auch gehst, ich verlasse dich nicht."
Schlaftrunken erwachte Jakob. Er wusste, dies war ein
heiliger Ort. Er richtete den Stein auf, salbte ihn mit Öl und
sprach: „Dieser Ort soll Bet-El, Gotteshaus, heißen. Hier sollen
meine Nachkommen ein Gotteshaus errrichten und den Gott
ihrer Väter verehren!"

Jakob und Rahel

Immer weiter wanderte Jakob und erreichte endlich das Land seiner Vorfahren. An einem Brunnen traf er Hirten und erkundigte sich: „Kennt ihr einen Mann namens Laban?"

„Ja", antworteten die Hirten. „Das Mädchen, das dort die Schafe tränkt, ist seine Tochter Rahel."

Jakob begrüßte Rahel: „Ich bin Jakob, ein Verwandter deines Vaters, und gekommen, um euch zu besuchen. Meine Mutter Rebekka ist die Schwester deines Vaters."

Schnell lief Rahel zu ihrem Vater und berichtete von der Neuigkeit. Laban nahm Jakob freundlich auf: „Du kannst bei uns bleiben, solange du willst."

Fortan hütete Jakob Labans Schafe, wollte aber kein Geld annehmen. Laban war damit nicht einverstanden.

„Ich bestehe darauf, dass du für deine Arbeit belohnt wirst. Sage mir, was du als Lohn von mir verlangst!"

„Ich habe deine Tochter Rahel lieb gewonnen und würde sie gerne zur Frau nehmen. Ich bin bereit, sieben Jahre für dich zu arbeiten, wenn ich sie später heiraten darf."

Nun war es damals Sitte, dass die jüngere Tochter erst heiraten durfte, wenn ihre älteren Schwestern verheiratet waren, und Rahels ältere Schwester Lea hatte noch keinen Mann. Doch Laban war dennoch einverstanden. Sieben Jahre waren lang, bis dahin war Lea sicher verheiratet.

Als der Tag der Hochzeit kam, war Lea immer noch unverheiratet. Da griff Laban zu einer List und gab Jakob die tief verschleierte Lea zur Frau. Der bemerkte erst, dass er nicht mit Rahel, sondern mit Lea verheiratet war, als er der Braut den Schleier abnahm.

Sieben weitere Jahre musste er für Laban arbeiten. Dann konnte er auch Rahel heiraten, denn damals durfte ein Mann auch zwei Frauen besitzen.

Jakob der Gesegnete

Noch viele Jahre lebte Jakob mit seinen beiden Frauen bei Laban im Lande seiner Vorfahren. Seit er sich um die Herden kümmerte, gedieh das Vieh prächtig, und die Raubtiere schienen die Tiere zu verschonen.

Die Frauen schenkten Jakob elf gesunde Söhne: Ruben, Simeon, Levi, Juda, Dan, Naphtali, Gad, Asser, Issachar, Sebulon und Josef, der der Sohn von Rahel war.

Als Jakob Laban zwanzig Jahre gedient hatte, war er über die Maßen reich. Er besaß Viehherden, Mägde und Knechte, Kamele und Esel und freute sich jeden Tag an der Schar seiner Kinder, die zwischen den Zelten herumliefen und spielten.

Seit er wohlhabend geworden war, verstand Jakob sich nicht mehr so gut mit Laban. Auch dessen Söhne neideten ihm den Reichtum.

Da erschien Jakob eines Tages im Traum Gott der Herr und sprach: „Ziehe fort aus diesem Land und kehre zurück in das Land deines Vaters, in deine Heimat Kanaan. Ich werde mit dir sein."

Jakob ließ Rahel und Lea zu sich rufen und sagte: „Ich sehe am Gesicht eures Vaters, dass er nicht mehr so zu mir ist wie früher. Gott will, dass wir fortziehen und nach Kanaan gehen."

Rahel und Lea waren einverstanden. „Tue alles, was Gott dir gesagt hat", antworteten sie.

Da machte sich Jakob auf, lud seine Kinder und Frauen auf die Kamele, nahm all sein Vieh und seine Habe, um zu seinem Vater Isaak in das Land Kanaan zu ziehen. Laban sagte er nichts von seinen Plänen.

Als Laban erfuhr, was geschehen war, wurde er zornig und
jagte der Karawane hinter her. Doch als er sie eingeholt hatte
und Jakob und Laban miteinander gesprochen hatten,
nahmen sie Abschied als Freunde.

Jakobs Heimkehr

Als die Karawane nach vielen Tagesreisen endlich in die Nähe von Kanaan gelangte, schickte Jakob Boten voraus. „Geht zu meinem Bruder Esau und richtet ihm aus: Sein Knecht Jakob ist lange Jahre in der Fremde gewesen. Er hat großen Reichtum erworben. Nun hofft er auf Versöhnung."

Nach kurzer Zeit kehrten die Boten zurück. „Wir haben Esau getroffen. Er kommt dir mit vierhundert Mann entgegen."

Jakob bekam große Angst und betete zu Gott: „Beschütze mich vor meinem Bruder Esau. Ich fürchte, er will mich erschlagen. Denke an dein Versprechen. Du hast gesagt, du willst mir Gutes tun und aus meinen Nachkommen ein großes Volk machen."

Dann teilte er seine Herde. Ziegen und Schafe, Kamele, Rinder und Esel wollte er seinem Bruder schicken. Zu seinen Knechten sprach er: „Geht in kleinen Gruppen voraus. Wenn euch mein Bruder Esau begegnet und fragt, wem diese Tiere gehören, so sagt ihm: Sie gehören deinem Knecht Jakob. Sie sind ein Geschenk, das er seinem Herrn Esau sendet."

Jakob wollte Esau versöhnen, bevor er ihm ins Angesicht sah. „Vielleicht nimmt er mich gnädig auf", hoffte er.

In der Nacht schickte Jakob seine Familie und die Karawane über den Fluss Jabbok. Er selbst blieb allein zurück.

Jakob und Esau versöhnen sich

In der Nacht konnte Jakob nicht schlafen und ging in der
Dunkelheit umher.

Plötzlich fiel ein Mann über ihn her, der übermenschliche
Kräfte zu haben schien. Der Kampf dauerte die ganze Nacht.
Jakob wehrte sich nach Kräften, bis sein Gegner von ihm
ließ. Bevor er sich abwandte, rief der Fremde Jakob zu: „Du
sollst von nun an nicht mehr Jakob heißen, sondern Israel.
Das bedeutet Streiter Gottes. Denn du hast mit Gott und den
Menschen gerungen und hast gesiegt."

Da hatte Jakob keine Angst mehr vor Esau, denn er wusste,
dass Gott bei ihm war.

Von dieser Nacht an hinkte er, denn er hatte einen schweren
Schlag auf die Hüfte erhalten.

Am nächsten Tag sah Jakob in der Ferne Esau kommen.
Ihm folgten vierhundert Mann.

Jakob befahl seinen Frauen und Kindern, sich hinter ihn zu
scharen. Dann schritt er langsam auf seinen Bruder zu. Sieben
Mal verneigte er sich tief vor ihm, so lange bis er vor Esau
stand.

Esau war ihm entgegengeeilt. Glücklich nahm er Jakob in
seine Arme, weinte vor Freude und küsste ihn.

Als Esau die Augen hob und die Frauen mit den Kindern sah, fragte er: „Wer ist das?"

Jakob antwortete: „Das sind die Kinder, die Gott deinem Knecht aus Wohlwollen geschenkt hat."

„Und was hat es mit den Herden auf sich, die mir begegnet sind?", fragte Esau weiter.

„Es sind Geschenke für dich, Esau, damit du mir gnädig bist", erwiderte Jakob.

„Ich habe genügend, mein Bruder. Behalte nur, was du hast", sagte Esau freundlich.

Nach dieser Begrüßung zog Esau wieder zurück in sein Lager. Jakob aber zog weiter, um in Bet-El einen Altar zu errichten, so wie er es sich auf der Flucht vor seinem Bruder vorgenommen hatte.

Von dort sollte es weitergehen nach Hebron, wo Jakobs Vater Isaak lebte. Kaum hatten sie Bet-El verlassen, da wurde Rahel ein weiterer Sohn geboren. Sie nannten ihn Benjamin.

Bei seiner Geburt starb Rahel.

Jakob war sehr traurig und begrub seine Lieblingsfrau an einem Ort, den wir heute Bethlehem nennen.

Wenige Tage später erreichte Jakob mit seiner Karawane Hebron.

Isaak war inzwischen sehr alt und überglücklich, seinen Sohn Jakob vor seinem Tode noch einmal wiederzusehen.

Nur kurze Zeit später starb Isaak, und seine Söhne Jakob und Esau begruben ihn an der Seite seiner Eltern Abraham und Sara. Dieses Grab in Hebron, das Abraham einst von seinen Nachbarn gekauft hatte, war immer noch der einzige Grundbesitz seiner Nachfahren in dem Land, das ihnen einst gehören würde.

Josef und seine Brüder

Josefs Träume

Josef, der Sohn Rahels, war Jakobs Lieblingssohn. Der Vater schenkte ihm hübsche Kleider und befreite ihn von schwerer Arbeit.

Das kränkte die Brüder, und sie beneideten Josef.

Eines Tages erzählte er ihnen, was er geträumt hatte: „Wir banden Getreidegarben auf dem Feld", sagte er. „Meine Garbe stand ganz aufgerichtet. Eure Garben verneigten sich vor ihr."

„Willst du damit sagen, dass du eines Tages unser Herr sein wirst und wir dir gehorchen müssen?!", fuhren ihn die Brüder an. Jetzt hassten sie ihn.

Josef merkte es nicht. Nach einiger Zeit erzählte er ihnen einen zweiten Traum: „Mir träumte, dass sich die Sonne, der Mond und elf Sterne vor mir verbeugten."

Die Brüder wurden sehr zornig und erzählten es dem Vater.

Da tadelte auch Jakob den Träumer: „Wenn du mit der Sonne mich meinst, mit dem Mond deine Mutter und mit den elf Sternen deine Brüder, dann war es ein böser Traum", sagte er verärgert. „Warum sollen wir vor dir niederfallen? Bitte rede künftig keinen solchen Unsinn mehr!"

Trotz dieses Tadels bevorzugte er Josef weiterhin, und der Hass der Brüder wuchs.

69

Josef wird verkauft

Josefs Brüder weideten die Rinder-, Schaf- und Ziegenherden ihres Vaters. Josef half dem Vater zu Hause.

Eines Tages sagte Jakob zu Josef: „Geh hinaus zu deinen Brüdern und sieh nach, ob bei den Herden alles in Ordnung ist!"

Josef ging.

Als die Brüder ihn kommen sahen, beschlossen einige, ihn zu töten.

Ruben, der älteste Bruder, sprach dagegen. Er hatte Mitleid mit Josef. „Vergießt sein Blut nicht", sagte er. „Brudermord ist eines der schlimmsten Verbrechen." Er wies auf einen ausgetrockneten Brunnen in der Nähe. „Werft ihn dort hinein, das ist Strafe genug für seinen Hochmut." Im Stillen nahm er sich vor, Josef aus dem Brunnen zu retten und zum Vater zurückzubringen.

Als Josef zu den Brüdern kam, rissen sie ihm das teure Gewand vom Körper und warfen ihn in einen Brunnen. Ruben ging zur Herde zurück. Die anderen setzten sich zusammen, um zu essen.

Da kamen Händler mit schwer bepackten Kamelen vorbei. Sie waren nach Ägypten unterwegs, um dort Gewürze, Weihrauch und Teppiche zu verkaufen.

Bruder Juda sagte zu den anderen: „Bieten wir Josef doch den Händlern an, statt ihn im Brunnen sterben zu lassen. Dann sind wir nicht schuld an seinem Tod und bekommen auch noch Geld für ihn. Josef ist siebzehn Jahre alt und kräftig. Er wird ein guter Sklave sein."

Die anderen Brüder waren einverstanden. Sie zogen Josef aus dem Brunnen und verschacherten ihn für zwanzig Silberstücke an die Händler.

Als Ruben zurückkam, um Josef zu retten, fand er den Brunnen leer. „Wo ist Josef?", schrie er die anderen an.

„Hab dich nicht so", murrte Juda. „Wir haben ihn als Sklaven verkauft. Wenn er richtig arbeiten lernt, wird es ihm dort in Ägypten nicht schlecht ergehen."

Ruben zerriss vor Kummer seine Kleider und stöhnte: „Wie soll ich das unserem Vater sagen?"

Die anderen schlachteten einen Ziegenbock, zerrissen Josefs Gewand und tauchten es in das Blut des Tieres.

Sie brachten den Rock Vater Jakob, und Juda fragte: „Ist das nicht Josefs Gewand? Wir fanden es auf dem Heimweg."

Jakob schlug die Hände vor das Gesicht. „Josef!", stöhnte er verzweifelt. „Ein wildes Tier hat ihn angefallen und ..."

Er sprach nicht weiter. Lautloses Schluchzen schüttelte ihn. Die Söhne Levi und Simeon versuchten, ihn zu trösten. Jakob aber wies sie zurück.

Ruben stand abseits. Er biss die Zähne zusammen, ballte die Fäuste und schämte sich.

73

Josef im Kerker

Die Händler brachten Josef nach Ägypten.
Dort verkauften sie ihn an Potiphar, den Befehlshaber
der königlichen Leibwache.
Gott der Herr beschützte Josef in allem, was er tat. Potiphar
war mit seinem neuen Sklaven sehr zufrieden. Schon bald
machte er ihn zum Verwalter seiner Güter.
Gar nicht zufrieden war Potiphars Frau. Sie hasste Josef, weil
er ihr nicht schmeichelte und sie nicht so anhimmelte, wie
sie es wollte. Tief gekränkt beschwerte sie sich eines Tages
bei ihrem Gemahl.
„Der Sklave Josef beleidigt mich seit langer Zeit!", rief sie
aufgeregt. „Jetzt reicht es mir! Schaff mir den Kerl aus den
Augen!"
Potiphar glaubte seiner Frau, denn sie war schön, und er
liebte sie sehr. Er stellte keine Fragen und ließ Josef in den
Kerker werfen.
Doch auch da beschützte Gott der Herr den Sohn des Jakob.
Josef gewann die Freundschaft des Kerkermeisters.
Eines Tages wurde der Mundschenk des Pharao (so nannten
die Ägypter ihren König) in den Kerker geworfen. Ein
neidischer Hofbeamter hatte Lügen über ihn erzählt. Der
Pharao glaubte sie, und der Mundschenk sah sich schon zum
Tode verurteilt. In der zweiten Nacht seiner Gefangenschaft
träumte er Seltsames.

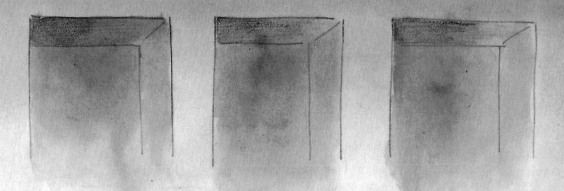

Er erzählte den Traum seinen Mitgefangen, doch keiner konnte ihn deuten.

Da kam Josef. Er brachte das Essen. Der Mundschenk erzählte auch ihm seinen Traum: „Ich träumte von einem Weinstock, an dem drei Äste waren. Sie grünten und blühten, und ihre Trauben wurden reif. Ich pflückte sie, drückte ihren Saft in einen Becher und reichte diesen dem Pharao."

„Nicht ich deute deinen Traum", sagte Josef, „Gott der Herr deutet ihn durch mich. Die drei Äste bedeuten drei Tage. In drei Tagen wird dich der Pharao begnadigen. Du wirst ihm den Becher reichen wie früher."

„Wenn das wahr wird, werde ich dir einen ganz großen Wunsch erfüllen", versprach der Mundschenk.

„Denk an mich, wenn du frei bist", bat Josef. „Sprich für mich beim Pharao; denn auch ich bin unschuldig gefangen."

Der Mundschenk versprach es.

Was Josef prophezeit hatte, geschah. Nach drei Tagen ließ der Pharao den Mundschenk aus dem Kerker holen und setzte ihn wieder in sein Amt ein.

Der Begnadete war überglücklich. Er feierte mit Verwandten und Freunden.

Den Sklaven Josef vergaß er.

Die Träume des Pharao

Zwei Jahre vergingen, und Josef war noch immer gefangen. Obwohl ihn der Kerkermeister besser behandelte als die anderen Gefangenen, war es schlimm. Josef fühlte sich nicht nur von dem undankbaren Mundschenk vergessen, sondern auch von Gott dem Herrn.

Da träumte der Pharao Sonderbares. Er sah sieben fette Kühe aus dem Nil steigen und am Ufer des Stromes grasen. Dann stiegen sieben magere Rinder aus dem Wasser. Sie stürzten sich auf die fetten Kühe und fraßen sie auf.

Darüber erschrak der Pharao so sehr, dass er erwachte.

Als er wieder einschlief, träumte er abermals Sonderbares. Er sah einen Halm, der sieben pralle Weizenähren trug. Dahinter wuchsen sieben Halme mit dürren, verschrumpelten Ähren. Die dürren Halme umschlangen die vollen Ähren und verschluckten sie.

Am Morgen erwachte der Pharao verwirrt. Er ließ Ägyptens berühmteste Traumdeuter kommen und erzählte ihnen, was er geträumt hatte.

Sie rieten hin und her, doch keiner wusste Rat.

Da erinnerte sich der Mundschenk an Josef. Er erzählte dem Pharao von dem eingekerkerten Sklaven, der Träume zu deuten verstand.

Der Pharao ließ Josef holen und erzählte ihm, was er geträumt hatte.

Josef verneigte sich. „Nicht ich, Pharao, deute deine Träume", sagte er bescheiden. „Gott der Herr, der sie dir gesandt hat, deutet sie dir durch mich."

„Wer sie deutet, ist mir gleich", brummte der Pharao. „Sag, was du weißt!"

„Beide Träume gehören zusammen", erklärte Josef. „Die sieben fetten Kühe und die sieben prallen Ähren bedeuten sieben fruchtbare Jahre. Die sieben mageren Rinder und die

sieben dürren Ähren zeigen sieben Jahre des Hungers an, in denen das Vieh kaum Futter findet und die Frucht auf den Feldern verdorrt. Mit diesen Träumen, Pharao, verkündet dir Gott der Herr sieben Jahre des Überflusses, denen sieben Hungerjahre folgen werden."

„Das ist wohl die richtige Deutung", sagte der Pharao. „Was rätst du mir?"

„Lasse in den sieben fetten Jahren Vorräte für die sieben mageren Jahre anlegen", sagte Josef. „Lasse Getreidespeicher und Lagerhäuser bauen und bewachen. Übertrage einem klugen und ehrlichen Mann die Aufsicht. Dann wird dein Volk schlimme Zeiten überleben."

„Das ist ein weiser Rat", lobte der Pharao. „Wer könnte besser als du geeignet sein, das Anlegen der Vorräte zu überwachen?"

Er steckte Josef einen königlichen Siegelring an den Finger und hängte ihm eine goldene Kette um. Das bedeutete, dass alle Ägypter Josefs Befehlen gehorchen mussten.

Als vornehmer Herr reiste Josef durch das Land und ließ Vorräte in Speicher und Lagerhäuser schaffen.

Als die sieben mageren Jahre kamen, fiel Hunger auf alle Länder rund um Ägypten. Nur die Ägypter litten keine Not. Josef ließ die Speicher und Lagerhäuser öffnen und die Vorräte gerecht verteilen.

Josefs Brüder kommen nach Ägypten

Hungersnot kam auch über das Land Kanaan, in dem Josefs Vater und Brüder mit ihren Familien wohnten. Als Vater Jakob hörte, dass in Ägypten Getreide verkauft werde, sprach er zu seinen Söhnen: „Zieht ins Ägypterland und kauft Weizen ein, damit wir am Leben bleiben."

Zehn der Brüder zäumten ihre Kamele und Maultiere und machten sich auf den Weg. Benjamin, der jüngste Bruder, blieb zu Hause. Vater Jakob hatte es so gewollt.

In Ägypten meldeten sich die Brüder bei dem höchsten Beamten, der die Verteilung und den Verkauf des Getreides überwachte. Dieser Beamte war Josef. Er trug die Kleider eines Vornehmen und kostbaren Schmuck. Seine Brüder erkannten ihn nicht. Sie verneigten sich vor ihm und baten ihn, Weizen kaufen zu dürfen.

Josef erkannte sie sofort, doch ließ er es sich nicht anmerken. „Woher kommt ihr?", fragte er streng. Ruben, der älteste Bruder, antwortete: „Wir kommen aus Kanaan. Dort ist Hunger im ganzen Land. Hilf uns, Herr, aus unserer Not!"

„Ich glaube euch nicht", sagte Josef. „Ihr seid feindliche Kundschafter, die sich in Ägypten umsehen wollen. Wenn ihr genug gesehen habt, werdet ihr eurem König sagen, wo er uns am leichtesten überfallen und vernichten kann! Ich lasse euch vor Gericht stellen und verurteilen!" Da warfen sie sich vor ihm nieder und schworen, keine Kundschafter zu sein.

„Wir sind zwölf Brüder", sagte Ruben. „Der jüngste ist bei unserem Vater geblieben. Einer ist verschollen."

„Ich werde feststellen, ob ihr die Wahrheit gesprochen habt", sagte Josef. „Einen von euch behalte ich als Geisel im Gefängnis. Ihr anderen kauft Getreide und bringt es nach Kanaan. Wenn ihr dann mit eurem jüngsten Bruder zu mir zurückkehrt, will ich euch glauben und den Gefangenen freigeben."

„Das ist die Strafe dafür, dass wir Josef verkauft haben",
flüsterte Simeon den Brüdern zu.

Josef hörte es. Er biss die Zähne zusammen, um sein Mitleid
zu verbergen. Doch wollte er seine Brüder weiterhin auf
die Probe stellen und sich überzeugen, dass sie bessere
Menschen geworden waren.

Er ließ Simeon festnehmen und ins Gefängnis abführen.
Dann befahl er, die Maultiere und Kamele der anderen
mit prall gefüllten Getreidesäcken zu beladen.

Erleichtert und betrübt zugleich kehrten die neun Brüder
nach Kanaan zurück.

Doch wie staunten sie zu Hause, als sie die Getreidesäcke
öffneten! In jedem Sack lag das Geld, das sie für den Weizen
bezahlt hatten.

„In der nächsten Zeit werden wir nicht hungern", sagte Vater
Jakob, „doch freuen kann ich mich nicht. Simeon ist gefangen, und Benjamin möchte ich nicht auf die gefährliche Reise
schicken. Er ist mein Jüngster und dem armen Josef ähnlich.
Ich will nicht auch ihn verlieren."

Josef gibt sich zu erkennen

Die Hungersnot in Kanaan dauerte an, die Vorräte gingen zu
Ende. Vater Jakob befahl seinen Söhnen, noch einmal nach
Ägypten zu reisen und Getreide zu kaufen.

„Der ägyptische Herr will Benjamin sehen", sagte Juda. „Ohne
Benjamin gibt es keinen Weizen, und Simeon muss weiterhin
im Kerker schmachten." Schweren Herzens willigte Jakob
ein. „So geht denn mit Benjamin", sagte er, segnete die Söhne
und gab ihnen reiche Geschenke für den vornehmen Ägypter
mit. Ihr Geld, das sie beim Getreide wiedergefunden hatten,
sollten sie zurückgeben. Vater Jakob meinte, dass es nur
durch ein Versehen in die Säcke gekommen sei.
Er winkte den Söhnen nach, bis sie seinen Blicken
entschwanden ...

Die Reise war beschwerlich, doch die Brüder kamen
wohlbehalten in Ägypten an. Boten meldeten Josef,
dass die Männer aus Kanaan wiedergekommen seien.

„Wie viele sind es?", fragte Josef.

„Zehn, Herr", antworteten die Boten.

Da wusste Josef, dass Benjamin dabei war. Er ließ eine große
Tafel mit köstlichen Speisen und Getränken vorbereiten.
Als die Brüder vor ihn traten und sich verneigten, empfing er
sie freundlich. Sie stellten ihm Benjamin vor. Josef strich ihm
über den Kopf. Nur mühsam unterdrückte er seine Rührung.

„Geht es eurem Vater gut?", erkundigte er sich.

„Ja, Herr", antwortete Juda. „Er ist gesund."

Josef ließ Simeon aus dem Gefängnis kommen und neu einkleiden. Nachdem sich die anderen Brüder vom Reisestaub
gereinigt hatten, bat er zu Tisch. Die Überraschten wussten
nicht, womit sie die Ehre verdient hatten, doch sie trauten
sich nicht zu fragen. Den verschollenen Bruder erkannten sie
noch immer nicht. Nach dem Mahl befahl Josef seinem
Verwalter: „Lasse den Männern aus Kanaan die Getreidesäcke

füllen. In den des Jüngsten lege meinen silbernen Becher."

„Ja, Herr", sagte der Verwalter.

Am nächsten Morgen brachen Josefs Brüder zur Heimreise auf. Da jagten ihnen ägyptische Reiter nach. Der Anführer zügelte sein Pferd vor Ruben und herrschte ihn an: „Wie könnt ihr es wagen, unseren Herrn zu berauben, der euch Gutes getan hat?!"

„Berauben?!", riefen die Brüder erschrocken.

„Einer von euch hat den silbernen Becher unseres Herrn gestohlen", erklärte der Reiter grimmig. „Öffnet die Getreidesäcke!"

Die Brüder gehorchten sofort, denn keiner fühlte sich schuldig. Die Ägypter fanden den Becher unter Benjamins Weizen. Vergebens beteuerte der Verwirrte seine Unschuld.

„Zur Strafe wirst du unserem Herrn als Sklave dienen", fuhr der Anführer den Erschrockenen an. „Komm mit!"

Die Brüder begleiteten Benjamin zu Josef. Juda warf sich dem vornehmen Ägypter zu Füßen. „Hör mich an, Herr", bat er verzweifelt. „Wir wissen nicht, wie dein Becher in das Getreide kam, aber jeder von uns ist bereit, Benjamins Unschuld zu beschwören. Wenn wir ohne unseren jüngsten Bruder nach Hause kämen, würde unser alter Vater vor Kummer sterben. Nimm mich an Benjamins Stelle zum Sklaven – ich bitte dich, Herr!"

Da konnte sich Josef nicht länger verstellen. „Ich bin euer Bruder, den ihr verkauft habt!", rief er. „Gott der Herr hat mir geholfen, und ich zürne euch nicht." Er umarmte seine Brüder, und alle weinten vor Freude.

„Eilet heim zu unserem Vater", sprach Josef weiter. „Sagt ihm, dass ich hier mächtig bin – und dass ich ihn und euch bitte, mit euren Frauen, Kindern, Knechten und Mägden im reichen Ägypten zu wohnen. Gott der Herr begleite euch."

Das Volk Israel

Reich beschenkt kehrten die Brüder nach Kanaan zurück. Josef hatte sie neu einkleiden lassen und ihnen große Vorräte an Nahrungsmitteln mitgegeben. Dem jüngsten Bruder Benjamin hatte er für die ausgestandene Angst dreihundert Silberstücke geschenkt.

Als Vater Jakob erfuhr, dass Josef lebte und ein mächtiger Herr geworden war, weinte er vor Freude.

„Wenn Gott mir die Kraft gibt, die Reise nach Ägpyten durchzustehen, will ich sie wagen und meinen Sohn Josef in die Arme schließen", sagte er bewegt.

Gott der Herr erschien ihm im Traum und sprach zu ihm: „Fürchte die Reise nicht! Ich werde dich, deine Söhne, eure Familien, Knechte und Mägde nach Ägypten begleiten, und kein Unheil wird über euch kommen. Deine zwölf Söhne werden die Stammväter der zwölf Stämme meines Volkes sein. In fernen Tagen werde ich ihre Nachkommen in das Land Kanaan zurückführen."

„Ja, Herr", sagte Jakob im Traum.

In den nächsten Wochen ließen er und seine Söhne all ihre Habe auf Wagen und Tragtiere verladen; und Ruben schickte einen Boten nach Ägypten voraus.

Der Bote meldete Josef, dass Vater Jakob und seine Söhne mit ihren Familien, Knechten, Mägden, den Viehherden und aller Habe nach Ägypten kommen würden, wie Josef es ihnen angeboten hatte.

Josef freute sich sehr. Er eilte zum Pharao, um ihm die Ankunft des Vaters und der Brüder mitzuteilen.

„Du bist mein bester Beamter und mein bester Freund", sagte der Pharao. „Was du tust, ist wohlgetan. Dein Vater und deine Brüder sollen auch mein Vater und meine Brüder sein. Ich werde ihnen das beste Land zuweisen, auf dem sie Äcker bebauen und Vieh züchten sollen. Ich weiß, dass die Leute aus Kanaan fleißig sind und hart arbeiten können. Das wird auch uns zugute kommen."

Josef verneigte sich tief und bedankte sich herzlich.

Dann fuhr er seinem Vater und den Brüdern bis zur Grenze des Landes entgegen.

Vater Jakob umarmte Josef lange, und sie schämten sich der Tränen nicht.

Auf Befehl des Pharao siedelten die Leute aus Kanaan in Gosen, dem fruchtbarsten Landstrich des ägyptischen Reiches.

Jakob lebte noch siebzehn Jahre in Ägypten, dann starb er, hoch betagt. Sein letzter Wunsch war es, in der Grabstätte seiner Väter in Hebron in Kanaan begraben zu werden, und Josef erfüllte ihm diesen Wunsch.

Josefs Tod

Als der Vater gestorben war, fürchteten sich Josefs Brüder.
„Vielleicht hat Josef uns nur aus Rücksicht auf den Vater
verschont", sagten sie, „und wird sich nun an uns rächen."
Ängstlich baten sie den Bruder um Vergebung.
„Verzeih uns. Wir wollen deine Sklaven sein."
Josef war von ihrer Reue gerührt.
„Fürchtet euch nicht", sprach er. „Ich werde weiter für euch
sorgen."
Josef wurde sehr alt und hatte zahlreiche Enkelkinder und
Urenkel. Bevor er in hohem Alter starb, ließ er seine Familie
zu sich rufen.
„Ich sterbe nun. Doch Gott wird sich der Kinder Israels
annehmen und euch aus Ägypten hinwegführen in das Land,
das er Abraham, Isaak und Jakob einst verheißen hat. Dann
nehmt meine Gebeine mit dorthin, das müsst ihr mir
versprechen."
Er segnete sie, dann starb er.
Josefs Leichnam wurde einbalsamiert und in Ägypten in
einen Totenschrein gelegt.

Der Auszug aus Ägypten

Das Kind im Schilf

Lange Zeit verging.

Die Israeliten wurden stark in Ägypten. In allen Familien gab es viele Kinder. Das Volk Israel wuchs von Jahr zu Jahr. Es breitete sich über ganz Ägypten aus.

Dann regierte ein Pharao, der nichts mehr von Josef wusste. Seine Ratgeber warnten ihn: „Die Israeliten vermehren sich gefährlich. Bald werden sie zahlreicher als wir sein und sich gegen uns erheben."

„Macht den größten Teil dieses Volkes zu Sklaven und zwingt sie zu harter Arbeit", sagte der Pharao. „Als Sklaven sind sie harmlos."

Da kamen schlimme Zeiten über die Israeliten. Ägyptische Aufseher trieben sie zu schwerster Arbeit auf den Feldern, in Steinbrüchen, beim Straßen- und Städtebau an.

Doch auch in der Sklaverei wuchs das Volk Israel weiter.

Zornig befahl der Pharao, alle neugeborenen Knaben der Israeliten in den Nil zu werfen, damit sie später keine Krieger werden konnten.

In jener Zeit lebte ein israelitisches Ehepaar, das eine elfjährige Tochter und ein drei Jahre altes Söhnchen hatte.

Da brachte die Frau einen zweiten Knaben zur Welt.

Drei Monate lang verbarg sie ihn zu Hause vor den Kriegern des Pharao. Länger war es nicht möglich. Der Knabe bekam eine kräftige Stimme. Sie hätte ihn den Schnüfflern bald verraten.

Da flocht die Mutter ein Kästchen aus Binsen und dichtete
es mit Baumharz ab. Sie legte das Kind in das Kästchen,
trug es zum Nilstrom und stellte es ins Uferschilf.
Die Schwester des Knaben versteckte sich in der Nähe,
um zu beobachten, was geschehen würde.
Vater und Mutter beteten zu Hause für ihr ausgesetztes Kind.
Da kam die Tochter des Pharao an den Nil, um zu baden.
Sie hörte klägliches Wimmern im Schilf und befahl ihrer
Dienerin nachzusehen.
Die Magd fand das Kästchen, brachte es der Prinzessin und
öffnete es. Als sich die Tochter des Pharao über den Knaben
beugte, hörte er zu weinen auf.
„Es ist ein israelitischer Knabe, den seine Mutter vor den
Kriegern des Pharao verstecken möchte", behauptete die
Dienerin. „Unsere Krieger haben schon mehrere Binsen-
kästchen im Schilf gefunden."
Die Prinzessin hatte Mitleid mit dem Kind. Sie nahm es an
sich und strich ihm über den Kopf.
Da fasste die Schwester des Knaben Mut. Sie huschte aus
ihrem Versteck, lief zur Tochter des Pharao, warf sich vor ihr
auf die Knie und fragte: „Soll ich eine israelitische Amme
suchen, die das Kind versorgt?"
„Tu es", befahl die Prinzessin.
Das Mädchen brachte ihr die Mutter.
Die Prinzessin sagte zu ihr: „Kümmere dich um den Knaben.
Ich werde dir alles geben, was du für ihn brauchst."
Nur zu gern nahm die Mutter ihr Kind zu sich.
Nach einigen Jahren ließ die Prinzessin den Knaben in den
königlichen Palast holen. Sie nahm ihn als eigenen Sohn an
und nannte ihn Mose. Das bedeutet „Mensch, der aus dem
Wasser gezogen wurde".

Der brennende Dornbusch

Als Adoptivsohn der Tochter des Pharao wurde Mose wie ein Königskind verehrt. Selbst hohe Beamte verneigten sich vor ihm. Als er erwachsen war, sagte ihm die Prinzessin, dass er kein Ägypter, sondern Israelit sei. Sie erzählte ihm, wie sie ihn gefunden hatte.

Mose bedankte sich für ihre mütterliche Liebe und Güte. „Doch jetzt", sagte er, „will ich zu meinem Volk, um ihm in seiner Not beizustehen." Er verließ den Palast und ging zu den Israeliten. Dort traf er seinen Bruder Aaron. Sie halfen den Unterdrückten, wo sie konnten.

Kurze Zeit später bestieg ein anderer Pharao den ägyptischen Thron. Er mochte die Prinzessin nicht, und Mose war ihm fremd. Die Israeliten hasste er noch mehr als der Pharao vor ihm. Er befahl, ihnen weniger zu essen und zu trinken zu geben und sie mit doppelt so vielen Peitschenhieben zur Arbeit anzutreiben.

Eines Tages ging Mose zu einem Steinbruch. Dort sah er, wie ein ägyptischer Aufseher auf einen israelitischen Sklaven einschlug. Der Misshandelte war ein alter Mann und unter dem Gewicht eines Korbes voller Steine zusammengebrochen.

Als der Aufseher die Peitsche zum dritten Mal hob, sprang Mose auf ihn zu und schleuderte ihn gegen die Felswand. Der Aufseher brach leblos zusammen.

Als der Pharao davon erfuhr, verurteilte er Mose zum Tod. Freunde warnten den Verurteilten.

Auf abenteuerlichen Wegen floh Mose in das Land Midien. Dort heiratete er die Tochter eines Priesters. Lange Zeit hütete er die Herde des Schwiegervaters.

Eines Tages weideten die Schafe am Fuße des Berges Horeb. Plötzlich flammte ein Dornbusch auf, brannte lichterloh – und verbrannte nicht.

Verwundert ging Mose näher. Da hörte er aus den Flammen

eine Stimme: „Ich bin Gott der Herr. Komm nicht näher, Mose! Zieh deine Schuhe aus! Der Ort, auf dem du stehst, ist heiliges Land." Mose zog die Schuhe aus und verhüllte sein Gesicht; denn er wagte nicht, Gott den Herrn anzuschauen.

Gott sprach weiter: „Ich habe die Leiden meines Volkes gesehen und will es aus ägyptischer Knechtschaft erretten. Du, Mose, wirst es nach Kanaan zurückführen – in das Land, das Jakob und seinen Söhnen Heimat war."

„Ich, Herr?", fragte Mose erschrocken. „Wie sollen mir die Israeliten glauben, dass du mir befohlen hast, sie aus Ägypten hinauszuführen?"

„Wirf deinen Hirtenstab auf die Erde", sagte Gott der Herr. Mose tat es, und der Stab verwandelte sich in eine Schlange. Erschrocken sprang Mose zurück.

Gott der Herr befahl ihm, die Schlange zu ergreifen. Mose gehorchte abermals, und die Schlange wurde wieder zum Stab.

„Das zeige dem Volk, damit es dir glaubt", sprach Gott. „Dann geh zum Pharao und fordere ihn in meinem Namen auf, alle Israeliten ziehen zu lassen."

„Zum – Pharao?", stammelte Mose. „Aber – ich bin ungeschickt im Reden. Der Pharao wird mich – auslachen und – hinauswerfen lassen."

„Dein Bruder Aaron versteht zu reden", sagte Gott der Herr. „Er soll dich begleiten und für dich sprechen. Du, Mose, nimm deinen Hirtenstab und verwandle ihn vor den Augen des Pharao."

Die Flamme erlosch, der Dornbusch stand wie zuvor. Mose kehrte zu seinem Schwiegervater zurück, verabschiedete sich von ihm und ging mit seinem Weib und seinen Kindern nach Ägypten. Auf halbem Wege kam ihnen Aaron entgegen.

Die Plagen

Mose und Aaron gingen zu den Stämmen Israels und verkündeten ihnen, dass Gott der Herr sie aus ägyptischer Knechtschaft befreien werde. Unter Moses Führung sollten sie in das Land Kanaan zurückkehren, in dem der Stammvater Jakob zu Hause gewesen war.

Als Zeichen, dass sie die Wahrheit redeten, ließ Mose seinen Hirtenstab zur Schlange und wieder zum Stab werden. Da glaubte ihnen das Volk. Mose und Aaron gingen zum Pharao. Aaron sprach: „Höre, König, die Worte Gottes, unseres Herrn: Gib das Volk Israel frei und lasse es ziehen mit all seiner Habe." „Du redest töricht", spottete der Pharao. „Wer ist dieser Herr, der sich für mächtiger hält, als ich es bin?"

„Sieh eines seiner Wunder", sagte Mose und warf seinen Hirtenstab zu Boden. Der Stab wurde zur Schlange.

„Soll ich mich fürchten?", höhnte der Pharao. „Solche Kunststücke können auch meine Zauberer." Er stampfte mit dem Fuß auf und rief: „Verschwindet, ihr Narren!"

Dann befahl er seinen Aufsehern, die Israeliten noch stärker zu unterdrücken als bisher. Mose war verzweifelt. Da erschien ihm Gott der Herr im Traum und sprach zu ihm: „Geh mit deinem Bruder noch einmal in den Königspalast. Dort soll Aaron zum Pharao die Worte sprechen, die ich dir jetzt sage."

„Ja, Herr", murmelte Mose.

Am nächsten Morgen ging er mit seinem Bruder in den Palast, und Aaron sprach zum Pharao: „Höre die Worte unseres Herrn, des Gottes Israels. Da dein Herz hart wie Stein ist, wird er so lange schreckliche Plagen über dein Land kommen lassen, bis du das Volk Israel mit Knechten und Mägden, Vieh und Wagen aus Ägypten fortziehen lässt."

Der Pharao wurde zornig und befahl seinen Kriegern, die Unverschämten hinauszuwerfen. Noch am selben Tag ließ Gott der Herr die erste Plage über das Land des Pharao

kommen. Das Wasser des Nilstroms und aller Bäche, Seen,
Teiche und Tümpel wurde zu Blut. Nur in Gosen, wo die
meisten Israeliten wohnten, blieb es klar.

Der Pharao gab nicht auf. Er befahl, Brunnen zu graben
und den israelitischen Sklaven statt des Mittagessens
Peitschenhiebe zu geben.

Da sandte Gott die Plage der Frösche. Sie stiegen aus allen
Gewässern und bedeckten das Land. Nur Gosen verschonten
sie. Damit nicht genug. Scharen von Fliegen fielen über
Menschen und Tiere her. Ihnen folgten gefährliche Stech-
mücken. Der Pharao ließ Mose und Aaron rufen. „Wenn euer
Gott mich und mein Land in Ruhe lässt, dürft ihr ziehen,
wohin ihr wollt", versprach er unwillig.

Mose und Aaron beteten zum Herrn, und die Plagegeister
verschwanden. Da vergaß der Pharao sein Versprechen.
Er behielt das Volk Israel in ägyptischer Sklaverei.

Gott der Herr schickte Seuchen, die die Hälfte der Herden
dahinrafften. Dann ließ er Menschen und Tiere an
Geschwüren erkranken. Nur Gosen blieb wieder verschont.
Hagelschauer und Blitzschläge vernichteten die Ernte. Was
übrig blieb, wurde von Heuschrecken aufgefressen. Dann
legte sich drei Tage lang undurchdringliche Finsternis auf
Ägypten. In höchster Not schwor der Pharao dem Mose,
die Israeliten nun wirklich freizugeben. Mose betete zum
Herrn. Sein Gebet wurde erhört – und der Pharao
brach seinen Schwur. Das Volk Israel blieb versklavt.

Und Gott sprach zu Mose: „Nun will ich die schrecklichste
Plage auf Ägypten werfen. Am vierzehnten Tag des Monats
werde ich jeden Erstgeborenen sterben lassen, den ältesten
Königssohn genauso wie die erstgeborenen Söhne in ärm-
lichen Hütten, dazu jedes erstgeborene Tier. Dem Volk
Israel wird nichts geschehen. Am vierzehnten Tag des
Monats soll jeder israelitische Hausvater ein Lamm schlach-
ten und mit dessen Blut die Türpfosten bestreichen.
An diesen Türen wird der Engel des Todes vorübergehen.
Ihr aber kleidet euch zu weiter Reise an. Esset von dem
Lamm und von ungesäuerten Broten. Dann greift zu den
Wanderstäben und erwartet den Befehl zum Aufbruch."
Mose und Aaron sagten dem Volk Bescheid.
Zur Mitternacht des vierzehnten Tages ging der Todesengel
durch Ägypten und raffte die Erstgeborenen dahin. Nur an
den mit dem Blute des Lammes gekennzeichneten Türen
schritt er vorüber.
Da war großes Jammern im Lande, und der Pharao schrie
Mose an: „Zieh fort mit deinem Volk, und kommt nie wieder!"
Die Israeliten brachen mit allem auf, was sie besaßen.
Menschen und Tiere eilten der Grenze zu.
Gott der Herr wies ihnen den Weg. Tagsüber zog er als Wolke
vor ihnen her, nachts in einer Feuersäule.

Die Wanderung durch das Meer

Schon kurze Zeit nach dem Abzug des Volkes Israel wurde der Pharao mit Beschwerden überhäuft. Die Aufseher in den Steinbrüchen beklagten sich, dass ihnen die israelitischen Sklaven als Arbeiter fehlten.

Die Städte- und Straßenbaumeister jammerten über die Faulheit der Leute, die ihnen geblieben waren. „Gib uns die Israeliten wieder, Pharao!", riefen sie.

Noch lauter schrien die Vornehmen, die von israelitischen Sklaven und Sklavinnen bedient worden waren. Selbst im Königspalast klappte vieles nicht mehr so wie vorher.

Der Küchenmeister, der Barbier des Pharao, der königliche Hofsänger und andere Diener waren Israeliten gewesen. Die Neuen stellten sich viel ungeschickter an als jene, die mit Mose weggegangen waren.

Da reute es den Pharao, dass er sie hatte ziehen lassen. Er rief sein Heer zusammen und jagte ihnen mit Streitwagen und Reitern nach, um sie zurückzuholen.

Die Israeliten lagerten am Ufer des Roten Meeres. Es war Abend geworden. Da preschte das Heer der Ägypter heran, und die Verfolgten erstarrten vor Schreck.

Gott der Herr sprach zu Mose: „Strecke deine Hand gegen das Meer aus!"

Mose tat es. Da peitschte ein mächtiger Sturm aus dem Osten herüber. Finsternis legte sich zwischen das Heer des Pharao und die Israeliten. Sturm und Finsternis nahmen den Ägyptern die Sicht und verwirrten sie. Und der Sturmwind blies eine breite Gasse in das Meer. In hohen Mauern türmte sich das Wasser zu beiden Seiten auf.

Trockenen Fußes wanderten die Israeliten mit Herden
und Habe durch den Nordarm des Roten Meeres.
Am frühen Morgen erreichten sie das andere Ufer.
Der Sturm hörte so plötzlich auf, wie er losgebrochen
war, und die Finsternis verschwand vor den Ägyptern.
„Folgt mir!", rief der Pharao und ritt in die Gasse zwischen
den Wassermauern. Das Heer sprengte ihm nach.
Als die Ägypter in der Mitte des Meeresarmes waren, befahl
Gott der Herr dem Mose: „Strecke deine Hand abermals
gegen das Meer aus."
Mose gehorchte.
Da stürzten die Wassermauern zusammen und begruben
den Pharao und all seine Krieger unter sich.
Das Volk Israel dankte dem Herrn für die wunderbare
Rettung und lobte ihn in Tänzen und Gesängen.
Gott führte es jedoch nicht auf dem geraden und
kürzesten Weg nach Kanaan, sondern auf weiten
Umwegen durch die Wüste. Auf dem geraden Weg
hätten die Israeliten das Land der Philister durch-
queren müssen. Diese waren ein kriegerisches Volk
von riesenhaftem Wuchs. Die Israeliten, die durch lange
Knechtschaft geschwächt waren und von Frauen, Kindern
und Herden begleitet wurden, wären den Riesen unterlegen
und in neue Sklaverei gekommen.
Das sagte Gott dem Mose, und dieser sagte es dem Volk.
Aaron antwortete für alle: „Der Herr ist weise. Er sieht,
was wir nicht sehen. Sein Rat ist gut, sein Wille geschehe."

Wunder in der Wüste

Vom Ufer des Roten Meeres zog das Volk Israel in die Wüste. Heiß brannte die Sonne vom Himmel. Nirgendwo gab es Wasser. Menschen und Tiere quälte der Durst.

Am Abend des dritten Tages erreichten sie eine Wasserstelle, doch das Wasser war bitter. Nicht einmal das Vieh trank davon. Da murrte das Volk gegen Mose. „Hast du uns aus Ägypten geführt, damit wir in Sand und Steinen verschmachten?", riefen die Unzufriedenen.

Mose betete zu Gott. Der Herr zeigte ihm einen Baum und befahl: „Brich Holz ab und wirf es ins Wasser."

Mose tat es, und das Wasser wurde trinkbar. Menschen und Tiere stillten ihren Durst. Die Frauen füllten Vorräte in Schläuche.

Eineinhalb Monate später zogen die Israeliten durch das Wüstenland Sin. Hier gingen die Nahrungsmittel zu Ende. Hunger kam auf. Wieder murrten Unzufriedene.

Abermals betete Mose um Hilfe. Gott der Herr sagte zu ihm: „Noch heute Abend werdet ihr genug zu essen haben, und morgen werde ich Brot für alle vom Himmel regnen lassen." So geschah es.

Am Abend flogen Wachtelschwärme in das Lager und bedeckten weithin den Boden. Die Israeliten machten reiche Beute. Die halbe Nacht hindurch brannten die Feuer unter den Fleischkesseln.

Am nächsten Morgen lagen große weiße Flocken auf dem Wüstensand.

„Was ist das?", fragten die Israeliten.

„Es ist das Brot, das Gott der Herr uns zu essen gibt", antwortete Mose.

Die Israeliten kosteten davon. Die Flocken schmeckten wie Honigkuchen. Mose nannte sie „Manna".

Die Israeliten sammelten, so viel sie brauchten.

Der Mannasegen blieb. An jedem Morgen fiel er aufs Neue vom Himmel. Nur am siebten Tag, den Gott der Herr seit der Erschaffung der Welt zum Feiertag bestimmt hatte, blieb er aus. Frauen und Kinder sammelten am Tag vorher so viel ein, dass es auch am siebten Tag genug zu essen gab.

Weiter ging der Zug durch die Wüste. Überall ragten Felsen auf, die die Sonnenhitze unbarmherzig zurückstrahlten.

Der Wasservorrat war bald erschöpft.

Wieder half Gott der Herr. Er befahl Mose, mit dem Wanderstab an den nächsten Fels zu schlagen.

Mose tat es, und Wasser sprudelte aus dem Gestein.

Alle bekamen zu trinken.

Gott der Herr freute sich am Dank seines Volkes.

Kurz darauf schenkte er ihm den Sieg im Kampf gegen mächtige Feinde.

Die räuberischen Amalekiter stellten sich den Israeliten in den Weg. König Amalek forderte Mose auf, sich mit seinem Volk in die Sklaverei zu begeben oder am kommenden Tag um die Freiheit zu kämpfen.

Die Israeliten entschieden sich für den Kampf.

Mose sagte zu einem jungen Mann namens Josua: „Wähle
die tapfersten Männer aus und führe sie morgen gegen die
Amalekiter. Während ihr in der Ebene kämpft, werde ich auf
dem Hügel über unserem Lager stehen und meine Hände
segnend über euch halten."

Am nächsten Morgen führte Josua seine Krieger in den
Kampf. Mose stand mit Bruder Aaron und einem Freund
namens Chur auf dem Hügel und segnete die israelitischen
Streiter.

Solange er die Arme ausgestreckt hielt, siegte Josuas Schar;
ließ er die Arme sinken, drangen die Amalekiter vor.

Die Schlacht tobte hin und her, und Mose ermattete.

Die Amalekiter jubelten schon über ihren Sieg.

Da setzte sich Mose auf einen Stein. Aaron und Chur stützten
seine Arme, so dass sie nicht mehr niedersanken.

Als die Sonne unterging, hatten Josua und seine Kämpfer die
Amalekiter vernichtend geschlagen.

Mose schichtete einen Altar aus Steinen auf und brachte Gott
ein Dankopfer dar.

Die zehn Gebote

Im dritten Monat nach dem Auszug aus dem Ägypterland
kamen die Israeliten an den Berg Sinai. In der Ebene davor
schlugen sie ihre Zelte auf.

Am dritten Tag verhüllte eine Wolke den Gipfel des Berges.
Es blitzte und donnerte. Posaunenstöße schallten über das
Land. Zitternd hörte das Volk Israel die zehn Gebote, die
Gott der Herr ihm zurief:

„Ich bin der Herr, dein Gott! Du sollst keine anderen Götter
neben mir haben!

Du sollst den Namen des Herrn, deines Gottes, nicht
verunehren!

Du sollst den Sabbat heiligen!

Du sollst Vater und Mutter ehren!

Du sollst nicht töten!

Du sollst nicht ehebrechen!

Du sollst nicht stehlen!

Du sollst kein falsches Zeugnis geben gegen deinen
Nächsten!

Du sollst nicht begehren deines Nächsten Haus!

Du sollst nicht begehren deines Nächsten Weib, Knecht,
Magd, Vieh, noch sonst etwas, das ihm gehört!"

„Amen", sagte Mose; das bedeutet: „So sei es."

„Amen!", rief das Volk.

„Steige zu mir herauf", befahl Gott der Herr dem Mose.
„Ich werde dir Steintafeln geben, in die ich meine
Gebote eingemeißelt habe."

Mose stieg auf den Berg, und die Wolke entzog ihn den
Blicken des Volkes.

Vierzig Tage und vierzig Nächte blieb er auf dem Gipfel
des Sinai, trank kein Wasser und aß kein Brot.

Das goldene Kalb

Als Mose so lang auf dem Berg blieb, traten Abgesandte des Volkes vor Aaron und sagten: „Wer weiß, was deinem Bruder dort oben geschehen ist. Mach uns einen Gott, den wir sehen können. Er soll vor uns herziehen und sich nicht in Wolken verstecken!"

Das sagten sie so grimmig, dass Aaron für sein Leben fürchtete. Er antwortete ihnen: „Bringt mir den goldenen Schmuck eurer Frauen, Söhne und Töchter!"

Sie taten es.

Aaron schmolz das Gold im Feuer und goss daraus ein Kalb.

„Ja", jubelte das Volk, „das soll unser Gott sein!"

Aaron baute einen Altar, und die Israeliten opferten dem Götzenbild. Dann feierten sie ein Fest, aßen und tranken und tanzten um das goldene Kalb herum.

Als Mose vom Berg herabstieg und das Treiben sah, wurde er zornig. Er zerschmetterte die Steintafeln, in die Gott der Herr seine Gebote gemeißelt hatte, am Fels. Dann trieb er die Leute von dem goldenen Kalb weg und zermalmte es zu Staub. Die Männer, Frauen und Kinder erschraken und verkrochen sich in den Zelten.

Am nächsten Morgen sprach Mose zu ihnen: „Schon nach vierzig Tagen und Nächten habt ihr euch gegen Gottes Gebot versündigt!"

Sie baten ihn um Erbarmen, und er antwortete: „So will ich denn noch einmal zum Herrn hinaufsteigen und ihn bitten, euch die Sünde zu vergeben."

Er stieg auf den Gipfel des Berges Sinai und sagte zu Gott: „Mein Volk hat schwer gesündigt und dich bitter gekränkt. Vergib ihm, Herr. Wenn nicht, bestrafe auch mich; denn ich bin einer von ihnen."

Gott antwortete ihm: „Führe das Volk Israel weiterhin. Mein Engel wird dir den Weg weisen. Die Sünder werde ich bestrafen, wenn die Zeit dazu gekommen ist."

Er übergab Mose zwei neue Steintafeln, in die er die zehn Gebote noch einmal eingemeißelt hatte.

Als Mose vom Berg zurückkam, strahlte sein Angesicht in himmlischem Glanz, und die Israeliten verneigten sich vor ihm.

Die Kundschafter

Aus der Ebene am Sinai wanderte das Volk bis an die Grenze des Landes, das Gott der Herr ihm zur Heimat bestimmt hatte. Mose rief aus jedem der zwölf Stämme einen Mann zu sich und befahl ihnen: „Geht als Kundschafter über das Gebirge und seht euch im Lande um! Berichtet mir über das Volk, das darin wohnt, über Städte und Dörfer, und bringt mir von den Früchten des Landes die schönsten mit!"

Die Zeit war günstig. In Kanaan, so hieß das Land, wurden Weintrauben geerntet.

Die Kundschafter staunten über die herrlichen Früchte. Sie schnitten eine Traube ab, die so groß war, dass zwei Männer sie an einem starken Stab tragen mussten. Dazu nahmen sie Feigen und Granatäpfel mit.

Nach vierzig Tagen kehrten sie in das israelitische Zeltlager zurück und berichteten: „Kanaan trägt reiche Ernten. Das Volk der Kanaaniter ist jedoch stark, von riesenhaftem Wuchs und sehr kriegerisch. Seine Städte sind von hohen, festen Mauern umgeben."

Da jammerten die meisten Israeliten und murrten gegen Mose und Aaron.

„Wären wir doch in Ägypten gestorben oder in der Wüste umgekommen!", riefen Mutlose. „Warum schickt uns Gott nach Kanaan, wo wir von Riesen erschlagen werden?!"

„Lasst uns einen Hauptmann wählen, der uns nach Ägypten zurückführt!", schrie jemand.

„Jaa!", schrien Tausende mit ihm.

Die Kundschafter Josua und Kaleb riefen dagegen: „Wenn Gott der Herr uns beisteht, werden wir das Land besiedeln, das er uns verheißen hat! Fürchtet euch nicht!" Doch dann mussten sie sich verbergen, denn das Volk wollte sie steinigen. Mose betete zu Gott.

Dann verkündete er dem Volk, was der Herr ihm gesagt hatte: „So spricht der Herr! Nur eure Kinder und die Kundschafter Josua und Kaleb werden in das Land kommen, das ich euch verheißen hatte. Ihr anderen sollt in der Wüste sterben, wie ihr es gewünscht habt. Schon morgen werdet ihr an das Ufer des Roten Meeres zurückziehen! Dort sollt ihr vierzig Jahre lang als Hirten leben, so lange, bis jene nicht mehr sind, die gegen mich gemurrt haben!"

Da war großer Jammer im Lager.

Trotzige begehrten auf: „Wer sagt uns, dass die Kundschafter und Mose die Wahrheit gesprochen haben? Wer Mut hat, zieht morgen mit uns nach Kanaan hinein!"

Am nächsten Morgen zogen zweitausend bewaffnete Männer in die Berge. Sie trafen auf Kanaaniter, die hier wohnten, und wurden geschlagen.

Damit nicht genug. Die Sieger stießen bis in das Zeltlager der Angreifer vor und trieben das gesamte Volk Israel in die Wüste hinaus.

Moses Tod

Kurz darauf starb Aaron, Moses älterer Bruder. Das Volk
betrauerte ihn dreißig Tage lang.

Auch Mose fühlte sein Ende nahen. Er war hundertzwanzig
Jahre alt und müde geworden.

Auf Gottes Befehl rief er das Volk zusammen und sagte:
„Josua wird euch nach Kanaan hineinführen. Vertraut
ihm und fürchtet euch nicht. Der Herr ist mit euch."

Das war der Abschied.

Gott führte Mose auf den Berg Nebo, von dem man weit in
das fruchtbare Kanaan schauen konnte.

Hier starb Mose in Frieden.

Das Volk Israel betrauerte ihn aufrichtig und hielt sein
Andenken in Ehren.

Die Eroberung Kanaans

Die Posaunen von Jericho

Gott der Herr sprach zu Josua: Zieh mit dem Volk Israel über
den Jordan und schlagt vor der Stadt Jericho eure Zelte auf.
Lasse die Priester mit der Bundeslade vorangehen."
„Ja, Herr", antwortete Josua.
Die Bundeslade, die an zwei Stangen getragen wurde, enthielt
die Gesetzestafeln, die Gott der Herr dem Mose gegeben
hatte. Als die Priester mit der Bundeslade an den Jordan
kamen, staute sich das Wasser, das von oben herunterfloss, zu
einem Damm, das abfließende Wasser verschwand zum Toten
Meer hin.
Trockenen Fußes überquerten die Israeliten den Fluss. Als der
letzte Wagen an das jenseitige Ufer gekommen war, fiel der
Damm zusammen. Das Wasser strömte wie vorher.
Die Stadt Jericho galt als uneinnehmbar. Sie war von hohen,
dicken Mauern umgeben. Die fest geschlossenen Tore trotzten
den stärksten Rammböcken.
Die Krieger auf den Zinnen der Stadtmauer verspotteten die
schlecht bewaffneten Israeliten. Ein Anführer rief den
Belagerern zu: „Unsere Vorräte reichen so lange, bis ihr alt
und klapprig geworden seid!"
„Alt und klapprig!", johlten seine Krieger und schlugen sich
auf die Schenkel.

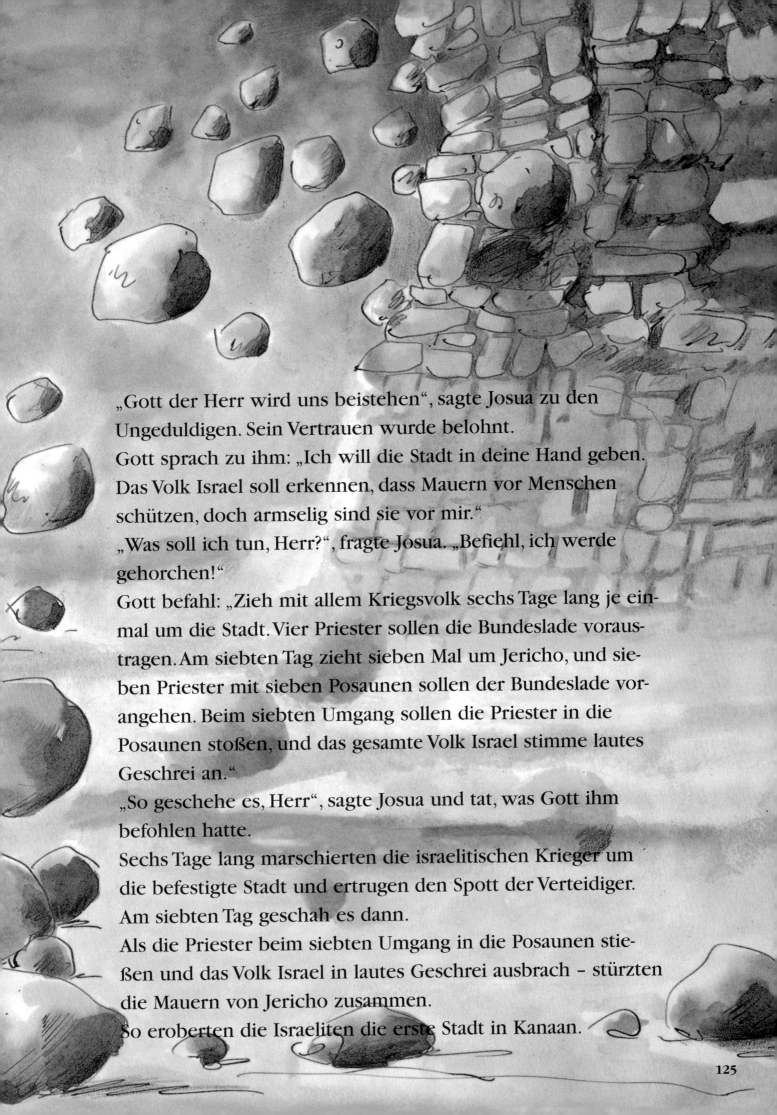

„Gott der Herr wird uns beistehen", sagte Josua zu den Ungeduldigen. Sein Vertrauen wurde belohnt.

Gott sprach zu ihm: „Ich will die Stadt in deine Hand geben. Das Volk Israel soll erkennen, dass Mauern vor Menschen schützen, doch armselig sind sie vor mir."

„Was soll ich tun, Herr?", fragte Josua. „Befiehl, ich werde gehorchen!"

Gott befahl: „Zieh mit allem Kriegsvolk sechs Tage lang je einmal um die Stadt. Vier Priester sollen die Bundeslade voraustragen. Am siebten Tag zieht sieben Mal um Jericho, und sieben Priester mit sieben Posaunen sollen der Bundeslade vorangehen. Beim siebten Umgang sollen die Priester in die Posaunen stoßen, und das gesamte Volk Israel stimme lautes Geschrei an."

„So geschehe es, Herr", sagte Josua und tat, was Gott ihm befohlen hatte.

Sechs Tage lang marschierten die israelitischen Krieger um die befestigte Stadt und ertrugen den Spott der Verteidiger. Am siebten Tag geschah es dann.

Als die Priester beim siebten Umgang in die Posaunen stießen und das Volk Israel in lautes Geschrei ausbrach – stürzten die Mauern von Jericho zusammen.

So eroberten die Israeliten die erste Stadt in Kanaan.

Kämpfe und Siege

Sieben Jahre lang kämpften die Israeliten unter Josuas
Führung um das fruchtbare Land. Gott der Herr war mit
ihnen. Sie besiegten einunddreißig Fürsten und Könige.
Dann wurde Kanaan ihre Heimat.
Für die Bundeslade ließ Josua in der Stadt Silo ein Heiliges
Zelt errichten. Dort rief er die Stämme Israels zusammen.
Vor aller Augen warf er zwölf Lose, für jeden Stamm eines.
Auf den Losen standen die Ländereien geschrieben, die
den Stämmen gehören sollten. So gab es keinen Streit um
den neuen Besitz.
Mit den besiegten Kanaanitern lebte das Volk Israel lange
Zeit in Frieden.
Josua starb im Alter von hundertzehn Jahren.
Nach seinem Tod griffen feindliche Nachbarkönige immer
häufiger an. Wenn die Not am größten war, rief Gott der Herr
tapfere Männer an die Spitze seines Volkes.
So den jungen Gideon, der mit dreihundert Mann das Heer
der Midianiter in die Flucht schlug.
Oder den unerschrockenen Samson, der mit dem Kiefer-
knochen eines toten Esels eine Übermacht riesenhafter
Philister verjagte.
Als die Angriffe der Feinde immer heftiger wurden, rief das
Volk Israel nach einem König, der stark genug sein sollte,
die neue Heimat zu schützen.

Die Könige

Saul

In der Stadt Rama wohnte der alte, fast blinde Prophet
Samuel. Gott der Herr erschien ihm und sprach: „Geh aus
der Stadt hinaus. Ich werde dich zu dem führen, den ich
zum König des Volkes bestimmt habe."
Samuel gehorchte.
Vor dem Stadttor traf er einen Jüngling und hörte Gottes
Stimme: „Das ist er, der König sein soll."
Der junge Mann war hoch gewachsen und stark. Er grüßte
den greisen Propheten ehrerbietig.
„Wer bist du?", fragte Samuel.
„Ich heiße Saul", antwortete der Jüngling. „Meinem Vater sind
zwei Eselinnen entlaufen. Ich suche sie. Hast du sie vielleicht
gesehen?"
„Such nicht weiter", sagte Samuel. „Sie sind gefunden. Komm
mit mir und höre, was Gott dir bestimmt hat."

Saul folgte Samuel in dessen Haus.

Dort befahl ihm der Prophet, niederzuknien.

Der Jüngling gehorchte.

Samuel goss Öl auf das Haupt des Knieenden und sagte:
„Gesalbt bist du im Namen Gottes des Herrn. Erhebe dich,
König von Israel."

Dann rief er die zwölf Stämme zusammen und stellte ihnen
Saul als König vor. Sie verneigten sich und versprachen, den
Befehlen des Gesalbten zu gehorchen.

Saul war nicht nur tapfer, sondern auch klug. Er stellte ein
Heer auf und ließ es in Angriff und Verteidigung bestens
ausbilden. So waren die Stämme Israels gegen ihre Feinde
gewappnet.

Saul ist ungehorsam

Saul wurde ein großer und mutiger König. Nach einer Weile jedoch begann er, Unrecht zu tun und ungehorsam zu werden.

Gott der Herr hatte Saul ausdrücklich befohlen, die besten Schafe und Rinder, die fetten Tiere und Lämmer und alles Vieh, das wertvoll war, bei seinen Kriegszügen zu verschonen.

Doch die Israeliten hielten sich nicht daran, und Saul sah darüber hinweg.

Da sprach Gott der Herr zu Samuel: „Ich bereue, dass ich Saul zum König gemacht habe. Er hat sich von mir abgewandt und meinen Befehlen nicht gehorcht."

Obwohl Samuel die ganze Nacht für Saul betete, ließ Gott der Herr sich nicht erweichen.

Also ging Samuel zu Saul, der mit seinen Kriegern siegreich aus der Schlacht zurückkehrte, und fragte: „Was ist das für ein Blöken von Schafen und Brüllen von Rindern?"

Saul antwortete: „Die hat das Volk verschont und mitgebracht. Wir können sie dem Herrn, deinem Gott, opfern."

Samuel war betrübt. „Meinst du, Gott der Herr hat das gleiche Wohlgefallen an Brandopfern wie an Gehorsam? Gehorsam ist besser als Opfer."

Saul bereute nun seinen Ungehorsam, doch es war zu spät.

Samuel wandte sich ab. „Der Herr wird das Königtum von dir nehmen und einem anderen geben, der besser ist als du. Unsere Wege trennen sich."

Samuel und Saul sahen sich nie wieder. Samuel aber trauerte um Saul, weil er ungehorsam geworden war und von Gott dem Herrn dafür bestraft werden würde.

Davids Erwählung

Gott der Herr war zornig über König Saul. Deshalb hielt Samuel Ausschau nach einem Nachfolger.

Er ging in die kleine Stadt Bethlehem, wo ein Mann namens Isai lebte, und bereitete ein Opferfest vor, zu dem er auch Isai einlud.

Isai brachte sieben seiner Söhne mit. Doch Samuel sah schnell, dass keiner von ihnen der zukünftige König Israels sein konnte. Er fragte Isai: „Sind das alle deine Söhne?"

Isai antwortete: „Der Jüngste fehlt noch. Er ist auf dem Feld und hütet die Schafe."

„Lasse ihn holen", wies Samuel ihn an, „das Opfermahl soll nicht beginnen, bevor ich ihn nicht gesehen habe."

Alle mussten warten, bis David vom Feld kam. Er war ein hübscher Junge mit glattem Haar, fast noch ein Kind.

Als Samuel ihn erblickte, wusste er auf der Stelle, dass David und kein anderer der zukünftige Herrscher über Israel sein würde. Gott der Herr selbst sagte es ihm: „Er ist es. Salbe ihn zum künftigen König."

Samuel tat, wie ihm geheißen, nahm das kostbare Öl und salbte David vor seinem Vater und seinen Brüdern.

David aber ging nach diesem Tag weiter auf die Weide und hütete die Schafe. Und Saul blieb König. Gottes Hand aber lag auf David. Er hatte seinen Plan mit diesem Jungen.

David und Goliath

In jener Zeit sammelten die Philister ein gewaltiges Heer
gegen Israel. Saul und seine Krieger zogen ihm entgegen.
Die Heere lagerten einander gegenüber.
Jeden Morgen trat aus dem Heerlager der Philister ein riesiger
Zweikämpfer. Er hieß Goliath, trug einen schweren Eisenhelm
einen klirrenden Schuppenpanzer, ein breites Schwert, einen
mächtigen Schild und einen langen Speer mit scharfer Spitze.
„Hört, ihr israelitischen Zwerge", höhnte er mit dröhnender
Stimme. „Wählt unter euch einen Kämpfer aus. Wenn er mich
besiegt, wollen wir eure Knechte sein."
Sauls Männer erschraken bei diesen Worten. Der König wuss-
te nicht, was er tun sollte. Er wollte verzagen, da kam David,
der Hirtenjunge, herbei. Er wollte seinen Brüdern, die in Sauls
Heer dienten, Essen bringen.
David sprach zu Saul: „Lasse den Mut nicht sinken, König! Ich
werde gegen Goliath kämpfen. Mit Gottes Hilfe werde ich ihn
besiegen."
„Du?", murmelte Saul müde.
„Ich mit Gottes Hilfe", sagte David.

Drüben höhnte der Riese weiter.

„Legt David – eine Rüstung an“, sagte Saul stockend.

Doch David wies sie zurück. Er nahm nur seinen Hirtenstab,
seine Schleuder und fünf glatte Steine in seiner Hirtentasche
mit. So trat er Goliath entgegen.

„Bin ich ein Hund, dass du mit einem Stecken zu mir
kommst?!“, brüllte der Riese.

„Ich komme im Namen Gottes, dessen Volk du verhöhnst!“,
rief David und legte einen Stein auf die Schleuder.

Goliath hob den mächtigen Speer.

Blitzschnell schleuderte David den Stein auf des Riesen Stirn.
Wie vom Blitz getroffen stürzte Goliath nieder. David lief zu
ihm, nahm ihm das Schwert ab und hieb ihm das Haupt ab.

Als die Philister sahen, dass ihr stärkster Mann tot war, ergrif-
fen sie die Flucht. Die Israeliten jagten ihnen nach und schlugen sie vernichtend.

Saul wollte David danken, doch fand ihn nicht. Der Junge war
zu seiner Herde zurückgekehrt und hütete die Schafe, als ob
nichts gewesen wäre.

135

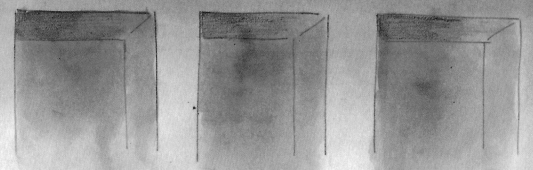

David und Saul

Ganz Israel feierte Davids Sieg über Goliath, und König Saul
nahm den Jungen in seinen Palast auf. Er wurde ein guter
Freund von Jonathan, dem Sohn des Königs, und als er alt
genug war, heiratete er Michal, die Tochter des Königs.

Das Volk liebte David und sagte von ihm: „Saul hat tausend
geschlagen, David aber zehntausend."

Da zogen Misstrauen und Eifersucht in König Sauls Herz.
Wollte dieser Schafhirte ihn etwa vom Königsthron vertreiben? Immer stärker wurden seine Angst und Unruhe. In solch
trüben Stunden ließ er David kommen und auf der Harfe
spielen. Dann hellte sich sein Gemüt wieder auf, und er liebte
David, als sei er sein eigener Sohn.

Einmal aber griff Saul mitten in einem Lied plötzlich nach
einem Speer und schleuderte ihn blitzschnell nach David.
Der zuckte zur Seite, die Spitze bohrte sich in die Wand.
David war unverletzt geblieben. Gott der Herr hatte seine
Hand über ihn gehalten.

David glaubte, der König habe einen Anfall von Wahnsinn
erlitten, floh und versteckte sich in den Bergen in einer
Höhle. Und obwohl Saul ihm mehrmals noch nach dem
Leben trachtete, erhob David nie seine Hand gegen den
König. Er hielt sich versteckt, bis er vom Tod des Königs
hörte.

137

Sauls Tod

Wieder einmal rüsteten die Philister zum Krieg gegen Israel.
Saul fürchtete sich vor ihrer Übermacht und betete zum
Herrn. Doch der gab ihm keine Antwort.

Da sagte er zu seinen Dienern: „Nennt mir eine Frau, die Tote
beschwören kann. Ich will sie befragen."

Sie nannten ihm eine Frau in Endor, und in der Nacht schlich
Saul verkleidet zu ihr.

Die Frau erschrak, als sie den König erkannte.

„Fürchte dich nicht", sagte er. „Sage mir, was du siehst."

Sie begann mit ihren Beschwörungen. „Ich sehe einen alten
Mann. Er umhüllt sich mit einem Mantel."

Saul merkte, dass sie von Samuel sprach und verneigte sich
tief vor dessen Geist. „Die Philister rüsten gegen mich", sagte
er. „Gott aber ist von mir gewichen. Was soll ich tun?"

Er hörte Samuel antworten: „Der Herr hat getan, was er durch
mich dir hat sagen lassen. Er hat dir das Königtum entrissen.
Morgen wirst du mit deinen Söhnen bei mir sein."

Erschüttert und in großer Furcht ging Saul zu seinen
Kriegern zurück.

Schon bald entbrannte ein heftiger Kampf zwischen Israel
und den Philistern. Viele Männer wurden getötet, auch die
Söhne Sauls. Der König selbst wurde schwer verletzt.

Er befahl seinem Waffenträger: „Nimm dein Schwert und
durchbohre mich!" Der Waffenträger weigerte sich.

Da stürzte sich Saul in sein eigenes Schwert und starb.
Keiner von seinen Soldaten überlebte die Schlacht.

David wird König

Nach dem Tode Sauls brauchte David sich nicht mehr verborgen zu halten. Mit seiner Familie und seinen Gefolgsleuten siedelte er in der Nähe von Hebron.

Bald sammelte sich das Volk um David und machte ihn zu seinem König. Doch nur der Stamm Juda im Süden gehörte zu seinen Königreich, im Norden herrschte ein anderer König.

Über sieben Jahre musste David noch warten. Dann wurde er endlich von den Ältesten aller Stämme zum König über ganz Israel gewählt.

Zwischen dem Norden und dem Süden lag Jerusalem, eine sehr alte Stadt mit einer festen Mauer. Doch sie gehörte einem fremden Volk, den Jebusitern.

Mit seinen Soldaten zog David gegen die Jebusiter, nahm Jerusalem ein und machte es zu seiner Stadt. Er ließ das Zelt mit dem Heiligtum, den Geboten Gottes, die das Volk vierzig Jahre durch die Wüste getragen hatte, in die Stadt bringen und dort aufstellen.

Von nun war Jerusalem die Hauptstadt Israels.

König David wohnte in einem prächtigen Palast. Oft kam der Prophet Nathan zu ihm.

Wie früher Samuel, so hatte jetzt Nathan den Auftrag, den Willen Gottes zu verkünden.

„Gott ist mit dir", sagte Nathan, „seit du die Schafe auf der Weide gehütet hast. Durch dich schenkt Gott seinem auserwählten Volk ein Stück Land, wo es in Frieden leben und ihm dienen kann. Du selbst lebst in Zeiten des Krieges und des Blutvergießens. Dein Nachfolger Salomo aber wird ein König des Friedens sein und Gott einen Tempel bauen."

Da brachte David auf dem Berg Moria, auf dem der künftige Tempel errichtet werden sollte, ein großes Brandopfer dar.

David und Bathseba

Eines Abends stieg David aufs Dach seines Palastes, um dort die kühle Luft zu genießen. Da sah er im Garten eines der Nachbarhäuser eine sehr schöne Frau.

Sie gefiel dem König; er ließ sich ihren Namen sagen und lud sie zu sich ein.

Als Bathseba, so hieß die Frau, kam, empfand David große Zuneigung zu ihr und wollte sie heiraten. Doch Bathseba war schon verheiratet.

Bald schon erwartete Bathseba ein Kind von König David.

Da bestellte David seinen Heerführer zu sich und ordnete an, dass Bathsebas Mann in der nächsten Schlacht ganz vorne kämpfen sollte, dort wo es besonders gefährlich war.

David wusste, dass er Unrecht tat. Doch sein Plan ging auf. Bathsebas Mann starb im Kampf, und nach einer Zeit der Trauer heiratete David seine Witwe.

Gott der Herr aber war zornig, dass David so gehandelt hatte. Durch seinen Propheten Nathan ließ er ihn wissen, dass ihn eine schwere Strafe erwarte.

„Gott wird dir verzeihen, weil du dein Unrecht bereust. Aber dein Kind wird sterben."

Kurz Zeit später brachte Bathseba einen Sohn zur Welt, einen Königssohn. Doch das Kind erkrankte. David war verzweifelt, er aß nicht und trank nicht aus Sorge um den Sohn. Die Diener waren ratlos. Nach sieben Tagen starb das Kind. Keiner wagte es dem König zu sagen. David bemerkte es dennoch. „Ist das Kind tot?", flüsterte er. „Ja", sagten sie. Da stand er auf, wusch sich, aß und trank und ging, um Bathseba zu trösten.

Gott hatte ihn gestraft. Doch er gab ihm auch die Chance, neu anzufangen. Ein Jahr darauf bekamen David und Bathseba wieder einen Sohn. Sie nannten ihn Salomo.

Salomo

Vierzig Jahre regierte König David das Volk Israel. Als er sein
Ende nahen fühlte, rief er seinen Sohn Salomo zu sich.
„Ich gehe jetzt", sagte er. „Sei stark und sei ein Mann! Erfülle
deine Pflicht gegen Gott den Herrn und halte Moses Gesetze
ein, so wie sie geschrieben stehen. Handle weise in allem,
was du tust! Dann wird Gott der Herr wahr machen, was er
dem Volk Israel verheißen hat."
David wurde in Jerusalem begraben, und Salomo folgte ihm
auf den Thron. Das Volk jubelte und rief: „Es lebe Salomo, der
neue König von Israel!"
Doch Salomo musste bald erkennen, dass es für einen jungen
und unerfahrenen Mann nicht leicht war, ein so großes Volk
zu regieren.
Verzagt betete er zu Gott: „Du hast mich zum König gemacht
über ein großes Volk, so groß, dass niemand es zählen kann.
Ich bin jung, fast noch ein Kind. Wie kann ich wissen, was
gut und böse ist? Gib mir ein weises Herz, damit ich ein guter
König werde!"
Gott dem Herrn gefiel diese Bitte, und er gab Salomo im
Traum ein Versprechen.

„Weil du nicht an dich, sondern an dein Volk gedacht hast,"
so sprach Gott, „weil du um Weisheit und nicht um Reichtum
gebeten hast, will ich deine Bitte erfüllen. Ich gebe dir
Weisheit, wie sie noch keiner zuvor besessen hat. Und dazu
gebe ich dir auch, worum du nicht gebeten hast: Reichtum
und Ehre, so dass keiner dir gleich sein soll unter den
Königen, dein Leben lang."

Als Salomo erwachte, war er zuversichtlich. Er wusste, dass
Gott der Herr durch Träume zu den Menschen sprechen
konnte, und fühlte sich nun stark genug, das schwere Amt
als König zu erfüllen.

Zum Dank brachte er Brandopfer dar und gab ein großes
Festmahl für alle seine Diener.

Salomo wurde in den folgenden Jahren der mächtigste, der
weiseste und reichste König der Israeliten. Sein Ruhm
breitete sich über alle Länder aus. Händler, Gelehrte und
Künstler kamen von weither an den Hof zu Jerusalem, um
dem König zu dienen und seine Weisheit zu hören.

Er beantwortete alle Fragen, die man ihm stellte, und
dichtete viele Sprüche und Lieder.

Der Bau des Tempels

Das Reich, das Salomo von seinem Vater geerbt hatte, wurde fest und beständig. Eine Zeit des Friedens und des Wohlstands brach an.

Neben dem Palast des Königs stand noch immer das Zelt mit den Gesetzestafeln. Vierhundertachtzig Jahre zuvor hatte Mose sie auf dem Berg Sinai erhalten. Nun begann Salomo aus Dankbarkeit mit dem Bau eines prächtigen Tempels, der das Heiligtum aufnehmen sollte.

Aus dem ganzen Land wurden Arbeiter herbeigerufen. Die kostbarsten Hölzer wurden verwendet und wertvolle Steine von weither geholt. Auf dem Bauplatz herrschte Stille, kein Lärm war zu hören. Alle Steine, alle Hölzer, aller Zierrat wurden außerhalb der Stadt behauen und auf dem heiligen Platz geschickt zusammengesetzt.

Mehr als sieben Jahre dauerte der Bau. Dann wurde der Tempel feierlich eingeweiht.

Dicht gedrängt standen die Menschen und sahen zu, wie Priester die steinernen Gesetzestafeln in den Tempel trugen. Sie brachten sie in den innersten, dunkelsten Raum, den nur Auserwählte betreten durften. Von nun an waren die Gesetzestafeln der Mittelpunkt des Tempels. Durch sie war Gott unsichtbar gegenwärtig.

147

Salomos Weisheit

Salomos Weisheit war im ganzen Land bekannt. Oft wurde er um Rat gefragt oder gebeten, Streit zu schlichten.

Einmal traten zwei Frauen mit einem Kind vor ihn. Die eine klagte die andere an: „Wir wohnen im selben Haus und haben zur selben Zeit ein Kind geboren. Doch das Kind dieser Frau ist gestorben, da hat sie bei Nacht heimlich mein Kind genommen. Das tote Kind legte sie mir in den Arm. Als ich aufstand, erschrak ich sehr. Doch bei Tageslicht sah ich: Es war nicht mein Kind!"

Die zweite Frau widersprach: „Sie lügt. Dein Kind ist tot, und meines lebt!" So stritten sie unerbittlich.

König Salomo überlegte. Dann sagte er zu seinem Diener: „Hole mein Schwert." Das Schwert wurde gebracht. „Nun schneide das Kind entzwei und gib jeder Frau eine Hälfte!"

Da schrie die eine Frau auf und flehte: „Ach, Herr, gebt ihr das Kind, nur tötet es nicht. Es soll leben."

Die andere aber rief: „Schneidet es nur entzwei. Es sei weder ihr noch mir."

Da wusste der König, wem das Kind gehörte: der ersten Frau. Sie war die Mutter, denn sie liebte das Kind.

Er sprach: „Gebt der ersten Frau das Kind, tötet es nicht, denn sie ist die Mutter."

Dieses Urteil sprach sich in ganz Israel herum. Von überall her kamen die Menschen, und Könige schickten ihre Boten, um Salomos Klugheit zu erleben und daraus zu lernen.

Nach Salomos Tod zerfiel das Reich in zwei Teile: in das Land Judäa im Süden und in das Land Israel im Norden.

Bald waren seine Bewohner zerstritten. Sie übertraten die Gesetze des Herrn und wandten sich anderen Göttern zu.

Die Gläubigen flehten den Gott ihrer Väter um Hilfe an und suchten Rat bei weisen Männern, den Propheten.

149

Die Propheten

Jona und der große Fisch

Die Propheten erzählten den Menschen Geschichten, in denen sich Gottes Wille zeigte. Eine dieser Geschichten handelte von Jona. Jona lebte am Hofe des Königs von Israel. Eines Tages befahl Gott der Herr ihm, nach Ninive zu gehen und den Ungläubigen dort Gottes Botschaft zu verkünden.

Jona war entsetzt. Ninive in Assyrien war eine feindliche, gottlose Stadt! Dorthin wollte er auf keinen Fall.

Eilends machte er sich in die entgegengesetzte Richtung auf, ans Meer, und suchte im Hafen ein Schiff, das ihn mitnehmen würde. Eines fand er, das auslaufen sollte nach Spanien.

Jona zahlte den Fahrpreis, ging an Bord und war bald darauf schon auf dem offenen Meer. Da kam plötzlich ein gewaltiger Sturm auf. Wellen schlugen ins Boot, die Fracht ging über Bord, und die Matrosen bangten um ihr Leben.

Nur Jona merkte von all dem nichts, sondern schlief ruhig im untersten Schiffsraum.

Die verängstigten Seeleute waren empört. Sie warfen das Los, um herauszufinden, wer an ihrem Unglück schuld sei, und es traf Jona. Sie warfen ihn über Bord.

Gott der Herr aber schickte Jona einen riesigen Fisch, der ihn verschlang. Drei Tage und drei Nächte blieb Jona in seinem Bauch. Verzweifelt betete er zu Gott, und am vierten Tag spie der Fisch ihn ans Land.

Abermals gebot Gott der Herr Jona, nach Ninive zu gehen, und diesmal gehorchte Jona.

Die Stadt war sehr groß. Schier unermesslich war die Zahl der Ungläubigen.

Jona warnte sie eindringlich vor Gottes Strafgericht: „Wenn ihr so weiterlebt und Böses tut, wird Ninive in vierzig Tagen untergehen."

Er selbst baute sich eine Hütte außerhalb der Stadt, wo er in Sicherheit war.

Doch Gott sah, dass die Bewohner Reue zeigten, und erließ Ninive seine Strafe. Darüber war Jona sehr erzürnt. Sollten die ungläubigen Feinde etwa am Leben bleiben?

Gott der Herr aber sprach: „Warum sollte ich nicht Mitleid haben mit der Stadt Ninive, in der unzählige Menschen leben? Sie tun Böses nur aus Dummheit und Unwissenheit."

Wer die Geschichte von Jona hörte, verstand die Botschaft: Die Gnade Gottes galt auch den Ungläubigen.

Die Propheten berichteten dem Volk Israel, das unter fremder Herrschaft litt, noch viele andere Geschichten. Und sie ließen die Menschen wissen, dass Gott ihnen den Messias senden werde, den Erlöser aus der Not.

II
Geschichten aus dem Neuen Testament

Das Wunder von Bethlehem

Die Botschaft des Engels

Fast zweitausend Jahre ist es her – unvorstellbar lange.
Seit vielen Jahren wartete das Volk Israel auf den Erlöser, der
es von der Herrschaft grausamer Könige, aus Armut, Not und
Zwangsarbeit befreien sollte.
Da erhörte Gott die Gebete.
Die Bibel erzählt, was geschah:
Über das judäische Land herrschte König Herodes. Er wohnte
in einem prächtigen Palast in der Hauptstadt Jerusalem.
Dort feierte er prunkvolle Feste. Alle, die ihm schmeichelten,
belohnte er reichlich, denn er war sehr eitel. Wen er für sei-
nen Feind hielt, den ließ er verfolgen und grausam bestrafen.
Da war mancher Unschuldige dabei, den böse Menschen ver-
leumdet hatten.
Doch auch Herodes musste gehorchen. Das Land Judäa war
von den Römern erobert worden und gehörte nun zum
Römischen Reich. Der römische Kaiser Augustus war oberster
Herr auch über Judäa. Der judäische König Herodes musste
die Befehle des römischen Kaisers befolgen.

In dieser Zeit geschah Wunderbares im jüdischen Land.
Gott der Herr sandte den Engel Gabriel in die Stadt Nazareth
zu der Jungfrau Maria. Sie war mit dem Zimmermann Josef
verlobt. Der Engel sprach zu ihr: „Sei gegrüßt, Maria. Der
Himmel ist mit dir."
Sie erschrak über den Gruß.
Der Engel beruhigte sie. „Fürchte dich nicht", sagte er. „Gott
hat dich auserwählt. Du wirst einen Sohn bekommen, dem
sollst du den Namen Jesus geben. Er wird ein König sein und
Sohn des Höchsten genannt werden."
Maria antwortete: „Ich bin die Dienerin des Herrn. Was du
gesagt hast, geschehe."

Ein Engel erscheint Josef

Maria blieb mit Josef in Nazareth; und nach drei Monaten spürte sie, wie das Kind in ihr wuchs.

Da fasste sie sich ein Herz und erzählte Josef von der Erscheinung des Engels und der Prophezeiung.

Josef fiel es schwer zu glauben, was Maria ihm erzählte.

Doch eines Nachts erschien Josef im Traum ein Engel und sprach zu ihm: „Josef, fürchte dich nicht. Das Kind, das Maria erwartet, wird sie durch die Kraft des Heiligen Geistes erhalten. Sie wird einen Sohn gebären. Er soll den Namen Jesus tragen. Das heißt ‚der Erlöser‘, denn er wird sein Volk von den Sünden erlösen."

Da verließen Josef seine Zweifel, und er nahm Maria zur Frau.

Der Stern über dem Stall

Eines Tages befahl der römische Kaiser Augustus,
dass alle Judäer Steuern an Rom bezahlen sollten.
Um festzustellen, wie viel Geld ihm das einbringen würde,
beauftragte er den König Herodes, eine Volkszählung durch-
zuführen. Herodes befahl allen Männer, mit ihren Familien in
ihre Geburtsorte zurückzukehren. Dort sollten sie sich in die
Volkszählungslisten eintragen lassen. Das war umständlich,
doch dem König fiel nichts Besseres ein.
Josef und Maria wohnten in Nazareth, aber Josef war in
Bethlehem geboren. Also musste er mit Maria in das weit ent-
fernte Bethlehem reisen, um sich dort eintragen zu lassen.
Für Maria wurde die Reise besonders beschwerlich, denn
schon bald sollte sie dem Jesuskind das Leben schenken.
Sie saß auf einem Maultier und schwieg die meiste Zeit.
Behutsam führte Josef das Muli am Zügel. Der Weg über die
Berge war mühsam. Die Reise dauerte mehrere Tage.
Als sie endlich nach Bethlehem kamen, fanden sie keine
Unterkunft. Die Herberge und alle Häuser waren voll belegt.
Vor Maria und Josef hatten sich schon viele andere Leute
eingefunden, um sich hier in die Volkszählungslisten
eintragen zu lassen.
Maria fühlte, dass ihre Zeit gekommen war.
Verzweifelt suchte Josef eine Bleibe für die Nacht.
Eine barmherzige Frau zeigte ihm einen Stall außerhalb
des Städtchens.
Dort brachte Maria das Jesuskind zur Welt. Sie wickelte es in
Windeln und legte es in eine Futterkrippe.

Da erstrahlte ein Stern über dem Stall, so leuchtend hell, wie noch kein Stern zuvor gestrahlt hatte.

Zur selben Zeit bewachten Hirten auf den Wiesen um Bethlehem herum ihre Schafherden. Da erschien ihnen ein Engel in himmlischem Glanz, und sie erschraken vor ihm.

Der Engel sprach zu ihnen: „Fürchtet euch nicht. Ich verkünde euch eine frohe Botschaft. Heute wurde in Bethlehem der Erlöser geboren. Ihr werdet ihn als Kind finden, das in einer Krippe liegt."

Der himmlische Glanz wurde zum blendenden Licht, das die Nacht zum Tag erhellte. Eine Schar von Engeln erschien, und sie sangen:

„Ehre sei Gott in der Höhe
und Friede den Menschen auf Erden!"

Die Hirten hielten den Atem an. Selbst die Schafe blieben still. Dann verstummte der Gesang, und das himmlische Licht erlosch. Nur der Stern leuchtete weiterhin über dem Stall.

Da sagten die Hirten: „Lasst uns nach Bethlehem gehen und sehen, was dort geschehen ist."

Der Stern wies ihnen den Weg.

Sie fanden Maria und Josef und sahen das Kind in der Krippe. Da knieten sie nieder und beteten zu ihm.

Am nächsten Morgen erzählten sie Freunden und Bekannten, was sie erlebt hatten, und alle wunderten sich darüber.

163

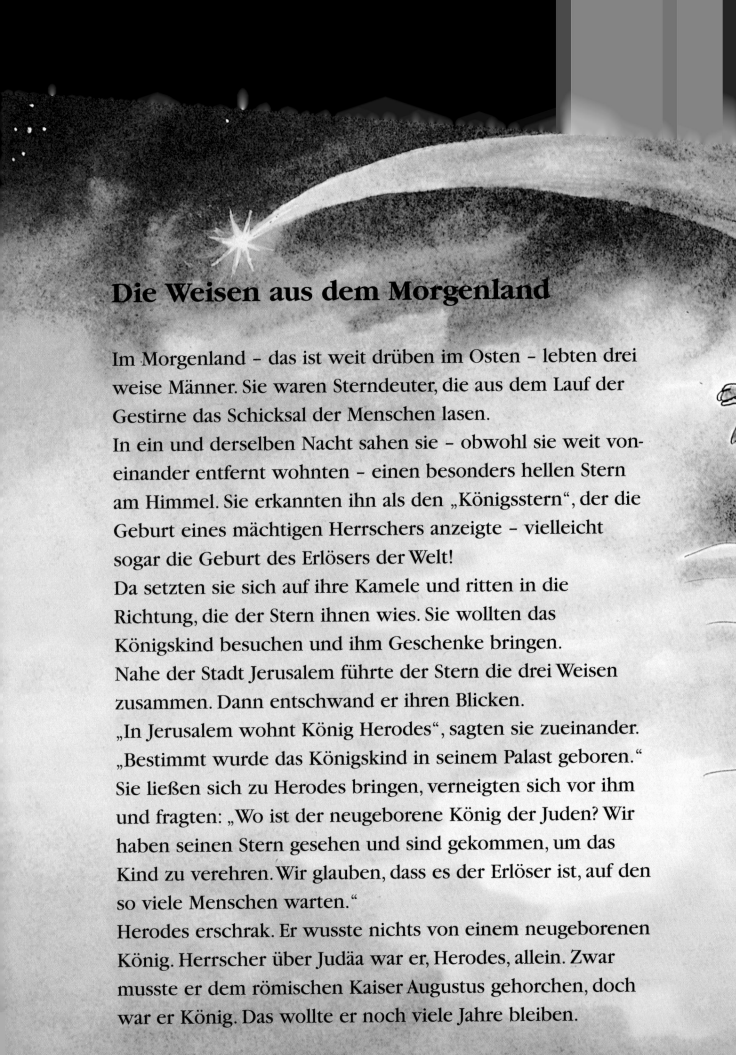

Die Weisen aus dem Morgenland

Im Morgenland – das ist weit drüben im Osten – lebten drei
weise Männer. Sie waren Sterndeuter, die aus dem Lauf der
Gestirne das Schicksal der Menschen lasen.

In ein und derselben Nacht sahen sie – obwohl sie weit von-
einander entfernt wohnten – einen besonders hellen Stern
am Himmel. Sie erkannten ihn als den „Königsstern", der die
Geburt eines mächtigen Herrschers anzeigte – vielleicht
sogar die Geburt des Erlösers der Welt!

Da setzten sie sich auf ihre Kamele und ritten in die
Richtung, die der Stern ihnen wies. Sie wollten das
Königskind besuchen und ihm Geschenke bringen.

Nahe der Stadt Jerusalem führte der Stern die drei Weisen
zusammen. Dann entschwand er ihren Blicken.

„In Jerusalem wohnt König Herodes", sagten sie zueinander.
„Bestimmt wurde das Königskind in seinem Palast geboren."

Sie ließen sich zu Herodes bringen, verneigten sich vor ihm
und fragten: „Wo ist der neugeborene König der Juden? Wir
haben seinen Stern gesehen und sind gekommen, um das
Kind zu verehren. Wir glauben, dass es der Erlöser ist, auf den
so viele Menschen warten."

Herodes erschrak. Er wusste nichts von einem neugeborenen
König. Herrscher über Judäa war er, Herodes, allein. Zwar
musste er dem römischen Kaiser Augustus gehorchen, doch
war er König. Das wollte er noch viele Jahre bleiben.

Das Kind könnte mich eines Tages vom Thron stürzen, überlegte er hastig. Das darf nicht geschehen!

„Ruht euch ein wenig aus", sagte er zu den Weisen. „Ich lasse
euch Speise und Trank bringen. Inzwischen werde ich mich
erkundigen, wo ihr das Kindlein finden könnt."

„Ist es denn nicht in deinem Palast?", fragten die Weisen verwundert.

„Nein", antwortete Herodes und tat betrübt. „Ich habe keinen
kleinen Sohn."

Die Weisen setzten sich zu Tisch.

Der König befahl die berühmtesten Schriftgelehrten zu sich
und fragte sie, wo dieser Erlöser geboren sein könnte.

Sie antworteten ihm: „Zu Bethlehem im jüdischen Land. So
steht es in der Heiligen Schrift geschrieben."

Da ging Herodes zu den drei Weisen zurück und sagte: „Zieht
nach Bethlehem und sucht dort nach dem Kinde. Wenn ihr es
gefunden habt, lasst es mich wissen, damit auch ich hingehe
und es verehre."

Die Weisen verließen Jerusalem – und sahen den Stern wieder. Frohen Herzens folgten sie ihm. Über dem Stall stand er
still. Sie fanden Maria, Josef und das Kind und wussten, dass
es der Erlöser war. Da fielen sie vor ihm auf die Knie.

Dann schenkten sie ihm Gold, Weihrauch und Myrrhe.

Die Flucht nach Ägypten

Zu Herodes kehrten die drei Weisen nicht zurück. Gott der
Herr hatten ihnen im Traum befohlen, dem König aus dem
Weg zu gehen.
Auch Josef erhielt eine Botschaft von Gott dem Herrn. Im
Traum erschien ihm ein Engel. „Steh auf, Josef", befahl er,
„und flieh mit dem Kind und seiner Mutter nach Ägypten.
Beeile dich, denn Herodes will das Kind töten."
Noch in derselben Nacht brach Josef mit Maria und dem
Jesuskind zur Flucht nach Ägypten auf.
König Herodes tobte, als er sich von den drei Weisen
getäuscht sah; doch vergebens sandte er Verfolger aus.
Gottes Engel beschützte Josef, Maria und das Kind und
verbarg sie vor den Augen der Feinde.

Als Herodes gestorben war, erschien der Engel dem Josef
wieder und erlaubte ihm, mit Maria und dem Jesusknaben
in die Heimat zurückzukehren.
Sie zogen nach Nazareth.
Dort verbrachte Jesus seine Kindheit und seine Jugendjahre.

Jesus im Tempel von Jerusalem

Jedes Jahr im Frühling gingen Maria und Josef zum Passahfest nach Jerusalem.

Als Jesus zwölf Jahre alt geworden war, durfte er seine Eltern begleiten. Gemeinsam zogen sie von Nazareth aus nach Jerusalem, wie es dem Festbrauch entsprach. Eine Woche lang feierten sie mit den anderen Juden die Befreiung von der Sklaverei und den Auszug aus Ägypten.

Am Ende der Feierlichkeiten zogen Maria und Josef zurück nach Nazareth. Im Strom der Pilger fiel es ihnen nicht auf, dass Jesus fehlte. So reisten sie einen ganzen Tag, bis sie es merkten. Vergebens suchten ihn bei Verwandten und Bekannten.

Schließlich blieb ihnen nichts anderes übrig, als nach Jerusalem zurückzukehren und dort nach Jesus zu suchen. Nach drei Tagen fanden sie ihn im Tempel. Er saß inmitten der Lehrer, lauschte ihnen andächtig und stellte Fragen. Alle, die ihn hörten, waren erstaunt über die Klugheit des Zwölfjährigen.

Als Maria ihn so erblickte, bekam sie Angst um den verlorenen Sohn. Jesus aber entgegnete: „Warum habt ihr mich gesucht? Wusstet ihr nicht, dass ich im Haus meines Vaters sein musste?"

Mit Maria und Josef kehrte er nach Nazareth zurück.

Jesus in Galiläa

Die Taufe im Jordan

Dreißig Jahre waren seit der Geburt Jesu vergangen.
Weiterhin stöhnte das Volk Israel unter römischer Herrschaft.
Immer ungeduldiger sehnte es den Erlöser herbei.
Da hieß es, dass ein gewisser Johannes am Jordanufer predige. Er sei Prophet und wohne in einer Felsenhöhle am Fluss.
Er trage ein Gewand aus Kamelhaar, nähre sich von
Heuschrecken und wildem Honig und trinke Wasser aus
Wüstenbrunnen. Das wäre nicht weiter seltsam gewesen.
Solche Leute gab es viele in dieser Zeit.
Doch von diesem Johannes hieß es, dass er das Reich Gottes
ankündige. Das konnte doch nur bedeuten, dass Gott der
Herr endlich den Messias senden werde, den Befreier von der
Herrschaft der Römer!
Pilgerscharen strömten zum Jordanfluss.
„Gottes Reich ist nahe!", rief Johannes ihnen zu. „Lasst euch
taufen, damit das Wasser des Jordans das Böse von euch
abwasche und euch würdig mache, in das Reich Gottes einzu-
gehen!" Er taufte die Pilger mit Jordanwasser.
„Was sollen wir tun, um würdig zu bleiben?", fragten ihn die
Getauften.
Johannes antwortete ihnen: „Wer von euch zwei Mäntel hat,
gebe einen davon jenem, der keinen besitzt. Wer genug zu
essen hat, gebe jenen, die Hunger leiden."

„Wer bist du?", fragten ihn andere. „Bist du der Erlöser?"
„Ich bin ein Mann, der in der Wüste ruft", sagte Johannes.
„Der Erlöser bin ich nicht. Er wird kommen und mächtiger
sein als ich. Er wird nicht mit Wasser taufen, sondern mit dem
Heiligen Geist, der aus Gott dem Herrn kommt. Ich bereite
ihm nur den Weg."
Auch Jesus von Nazareth kam, um sich taufen zu lassen.
Johannes verneigte sich vor ihm und sagte: „Wieso kommst
du zu mir? Ich bin unwürdig vor dir. Du solltest mich taufen,
nicht ich dich."
„Taufe mich", bat Jesus. „Es ist der Wille Gottes des Vaters."
„Dann will ich es tun", sagte Johannes und taufte ihn.
Als Jesus aus dem Wasser des Jordans stieg, öffnete sich der
Himmel. Der Geist Gottes schwebte in Gestalt einer Taube
herab, und Gottes Stimme rief: „Dies ist mein geliebter Sohn,
an dem ich Wohlgefallen habe."

Versuchung in der Wüste

Nach der Taufe verließ Jesus das Jordantal und zog, Gottes Wunsch folgend, in die Wüste, um sich auf seine Aufgabe als Erlöser vorzubereiten.

Er fastete vierzig Tage und Nächte, bis er vor Hunger und Durst ganz schwach war. Da trat der Teufel vor ihn hin und brachte ihn in Versuchung: „Wenn du wirklich Gottes Sohn bist, warum verwandelst du dann nicht einen Stein in Brot?"

Jesus aber widerstand dem Bösen und erwiderte: „Der Mensch lebt nicht vom Brot allein, sondern von jedem Wort, das aus Gottes Mund kommt."

In Jerusalem versuchte der Teufel ihn ein zweites Mal zu verführen. Er führte Jesus auf die höchste Zinne der Stadtmauer und forderte ihn auf sich hinabzustürzen: „Wenn du wirklich Gottes Sohn bist, so wird dir nichts passieren." Auch diesmal erwiderte Jesus ruhig: „Es steht geschrieben, dass man Gott nicht auf die Probe stellen darf."

Schließlich führte der Teufel Jesus auf einen hohen Berg und zeigte ihm alle Länder der Welt in ihrer Pracht und ihrer Herrlichkeit. Er versprach, ihm all diese mächtigen Königreiche zu geben, wenn er vor ihm auf die Knie falle.

Da wurde Jesus zornig und rief: „Du sollst allein Gott anbeten und ihm allein gehorchen!"

Da erkannte der Teufel die Sinnlosigkeit seines Tuns und verließ Jesus.

Die Hochzeit zu Kana

Jesus ging nach Galiläa zurück, in das Land, in dem er aufgewachsen war.

Wenige Tage nach der Rückkehr wurden er, seine Freunde und seine Mutter Maria zu einer Hochzeit in das Städtchen Kana eingeladen.

Da ging während der Feier der Wein zu Ende. Es waren mehr Gäste als erwartet gekommen, und die Familien des Brautpaares waren zu arm, um neuen Wein zu kaufen.

„Sie haben keinen Wein mehr", sagte Maria zu ihrem Sohn.

„Meine Stunde ist noch nicht gekommen", antwortete Jesus geheimnisvoll, doch Maria hörte das Mitleid in seiner Stimme.

„Tut, was er euch sagt", flüsterte sie den Dienern zu.

Jesus wies auf sechs große steinerne Krüge und befahl, sie mit Wasser zu füllen. Die Diener gehorchten.

„Schöpft einen Becher daraus und bringt ihn zum Speisemeister", befahl Jesus weiter.

Die Diener taten es.

Der Speisemeister – das war der Mann, der alles kostete, bevor es den Gästen serviert wurde – der Speisemeister also trank aus dem Becher, verdrehte die Augen, schnalzte mit der Zunge und rief dem Bräutigam zu: „Warum gibst du uns den besten Wein zuletzt?! Einen so herrlichen Tropfen wie diesen habe ich noch nie getrunken!"

Jesus hatte das Wasser in Wein verwandelt. Die Kunde von diesem Wunder verbreitete sich über ganz Galiläa und darüber hinaus.

Einige Zeit später begab sich Jesus in die Stadt Kapernaum am See Genezareth. Dort traf er die Fischer Simon und Andreas. Sie waren schlecht gelaunt, denn sie hatten lange gefischt und kaum etwas gefangen.

„Fahrt noch einmal auf den See und werft das Netz aus", sagte Jesus. Er sagte es so bestimmt, dass sie gehorchten. Dann fingen sie so viele Fische, dass ihr Netz zu zerreißen drohte.

„Du hast ein Wunder getan, Herr", sagten Simon und Andreas und warfen sich vor Jesus auf die Knie.

Er hob sie auf und sprach zu ihnen: „Folgt mir. Ich will euch zu Menschenfischern machen."

Sie verließen ihre Schiffe und gingen mit ihm.

(Nach Simon, den wir besser unter dem Namen Petrus kennen, und seinem Bruder Andreas folgten Jesus noch zehn andere Männer. Jesus nannte sie seine Jünger. Wir kennen sie als „die zwölf Apostel". Die bekanntesten nach Petrus sind Matthäus, Markus, Lukas und Johannes. Sie schrieben die Geschichte Jesu Christi auf, „die vier Evangelien". Deshalb nennen wir Matthäus, Markus, Lukas und Johannes „die vier Evangelisten".)

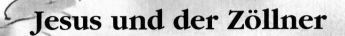

Jesus und der Zöllner

Bei seinem Weg um den See Genezareth kam Jesus an der Mündung des Jordans an eine Zollstation.

Die Römer hatten viele Zollstationen errichtet und jüdische Zolleinnehmer eingesetzt. Von jedem Reisenden, der vorbeikam, mussten sie die von den Römern vorgeschriebenen Zölle eintreiben. Viele der Zöllner waren unredlich und wirtschafteten in die eigene Tasche.

So waren die Menschen, die Jesus folgten, sehr erstaunt, als dieser an der Zollstation stehenblieb und den Zöllner Levi, der später Matthäus genannt wurde, aufforderte, sich ihnen anzuschließen.

Noch erstaunter waren sie, als Jesus mit seinen Jüngern Levis Einladung folgte und an einem Abschiedsessen teilnahm, zu dem weitere Zöllner und andere Gäste mit schlechtem Ruf geladen waren.

Jesus spürte die Entrüstung der redlichen Juden und hörte ihre verächtlichen Worte. Er wandte sich um und sprach: „Gesunde brauchen keinen Arzt, aber Kranke. Gott hat mich nicht geschickt, um Gerechte zu ihm zu rufen, sondern Sünder." Dies hörten die umstehenden Leute, und sie verstanden seine Lehre.

Der Hauptmann von Kapernaum

Mit seinen Jüngern zog Jesus durch Galiläa. Er predigte dem Volk vom himmlischen Reich seines Vaters. Er ermahnte alle, die ihm zuhörten, Gottes Gebote zu beachten und Gutes zu tun. Er lehrte sie beten und tat Wunder.

In Kapernaum heilte er Kranke, indem er ihnen die Hände auflegte, und er tröstete Leute, die Kummer hatten.

In der Stadt Kapernaum lagerten römische Soldaten. Sie passten auf, dass sich die Galiläer nicht gegen die römische Herrschaft erhoben. Ein Hauptmann kommandierte sie, der gerecht war und den Frieden wollte. Obwohl er an heidnische Götter glaubte, ließ er den Juden ein Bethaus bauen.

Nun war sein Diener krank geworden, und kein Arzt konnte ihn heilen. Der Hauptmann hing sehr an seinem Diener, denn dieser hatte ihm einst das Leben gerettet.

Als der Hauptmann von dem Wundertäter Jesus hörte, ging er zu ihm und sagte: „Herr, mein Diener ist krank und leidet große Schmerzen."

„Führe mich zu ihm", sagte Jesus.

Da verneigte sich der Hauptmann und sagte demütig: "Herr, ich bin ein sündiger Mensch und nicht wert, dass du in mein Haus kommst. Sprich nur ein Wort, und mein Diener wird gesund."

„Wahrlich, einen solchen Glauben habe ich in Israel noch nicht gefunden", sagte Jesus zu den Leuten, die dabei waren. Und zum Hauptmann gewandt sagte er: "Dein Glaube hat dir geholfen."

Als der Hauptmann nach Hause kam, war sein Diener gesund.

Die Bergpredigt

Auch das Wunder, das Jesus an dem Diener des Hauptmanns gewirkt hatte, sprach sich schnell herum. Viele Männer, Frauen und Kinder kamen, um den Wundertäter zu sehen und ihm zuzuhören.

Sie lagerten am Fuße eines Berges, und Jesus sprach zu ihnen: „Selig sind die Bescheidenen vor Gott dem Herrn, denn ihnen gehört das Himmelreich.

Selig sind alle, die Trauer und Leid ertragen, denn sie werden getröstet werden.

Selig sind die Gütigen, denn sie werden die Erde beherrschen.

Selig sind die Gerechten, denn sie werden gerecht behandelt werden.

Selig sind die Barmherzigen, denn sie werden mit Barmherzigkeit belohnt werden.

Selig sind die Menschen mit reinem Herzen, denn sie werden zu Gott kommen.

Selig sind die Friedlichen, denn sie werden Gottes Kinder genannt werden.

Selig sind jene, die ungerecht verfolgt werden, denn das Himmelreich steht ihnen offen.

Jesus redete noch lange zum Volk, beantwortete Fragen und
gab gute Ratschläge.

Gegen Abend verfinsterte sich der Himmel. Ein Unwetter zog
auf. „Wir müssen so schnell wie möglich zum anderen See-
ufer hinüber", sagte Simon Petrus.

Jesus bestieg mit seinen Jüngern und anderen Freunden das
letzte Schiff.

Als sie die Mitte des Sees erreichten, brach der Sturm los.
Haushohe Wellen warfen das Schiff hin und her.

Und Jesus schlief!

Seine Jünger weckten ihn. „Hilf uns, Herr!", riefen sie
beschwörend. „Wir ertrinken!"

„Warum fürchtet ihr euch?", fragte Jesus. „Ist euer Glaube so
klein geworden?"

Er erhob sich, streckte seine Hände gegen den Sturm aus und
befahl: „Hör auf zu wüten!"

Das Unwetter ließ nach. Die Wellen glätteten sich, und die
Sterne schienen vom wolkenlosen Himmel.

Alle Leute auf dem Schiff verneigten sich vor Jesus, dem
selbst der Sturm gehorchte.

Die Heilung des Besessenen von Gerasa

Nachdem Jesus die Wogen des Sees geglättet hatte, gelangte
er mit seinen Jüngern an das andere Ufer des Sees. Erschöpft
legten sie sich nieder, um zu schlafen.

Am nächsten Tag kamen sie in die Gegend von Gerasa. Dort
lebte seit Jahren in einer Höhle ein gewalttätiger Mensch mit
einem verwirrten Geist. Er war von großer Kraft und ließ sich
kaum bändigen. Legte man ihm Fesseln an, so gelang es ihm
umgehend, sie zu sprengen.

Als er Jesus sah, lief er herbei, fiel vor ihm nieder und schrie:
„Was willst du von mir, Jesus, Sohn Gottes, des Allerhöchsten?
Ich bitte dich, mich nicht zu quälen!"

Jesus fragte ihn: „Wie heißt du?"

„Legion", antwortete der Mann. Damit meinte er die bösen Geister in seinem Kopf, deren Zahl Legion war, das heißt, es waren unzählbar viele.

Jesus sprach zu den Dämonen: „Lasst ihn los!", und sofort fuhren sie aus dem Mann heraus und in eine große am Berghang weidende Schweineherde von nahezu zweitausend Tieren.

Als die Schweine von den bösen Geistern erfasst wurden, stoben sie den Berghang hinab, stürzten in den See und ertranken.

Den Geheilten schickte Jesus zurück in seine Heimat, um dort von der Wohltat zu erzählen.

Von den Vögeln und vom festen Haus

Die Apostel hörten aufmerksam zu, wenn Jesus sprach. Sie kannten die Lehren Moses, zum Beispiel „Auge um Auge, Zahn um Zahn." Doch Jesus erklärte ihnen: „Übt keine Rache mehr! Wenn euch jemand auf die rechte Wange schlägt, so haltet auch die linke hin! Wenn euch jemand euer Hemd wegnehmen will, dann gebt ihm euren Umhang dazu. Früher hieß es: Liebt eure Freunde und hasst eure Feinde. Was ist schon Besonderes daran, wenn ihr denen Gutes tut, die ihr liebt?"

Die Jünger hatten Zweifel. Hatten sie die Lehren richtig verstanden. Wie sollten sie sie verbreiten? Wie sollten sie leben? Sie äußerten Bedenken.

Jesus entgegnete ihnen: „Trachtet nicht danach, schon auf Erden reich zu werden, denn Reichtum auf Erden vergiftet das Herz, und die irdischen Güter vergehen schnell. Unendlich aber ist der himmlische Reichtum, er vergeht nie. Sorgt euch nicht um die Dinge des Alltags. Sehet die Vögel unter dem Himmel an. Sie säen und sie ernten nicht, und doch sorgt euer himmlischer Vater für sie."

Zuletzt erzählte Jesus das Gleichnis vom festen Haus:
„Ein kluger Bauherr sucht lange, bis er das richtige Grund-
stück findet, auf dem er sein Haus errichtet. Ein leichtsinniger
baut dort, wo er gerade steht. Bei Sturm und Regenschauer
aber zeigt sich der Wert des festen Fundaments. Das Haus des
sorgfältigen Bauherrn bleibt, weil es auf festem Grund gebaut
ist, ewig stehen. Wer jedoch auf Sand gebaut hat, dessen Haus
bricht zusammen. So ist es auch mit dem Glauben. Wer nach
Gottes Willen lebt, der baut sein Haus auf ein festes
Fundament."

Jesus wirkt Wunder

Eines Abends ging Jesus mit einigen seiner Jünger in das Haus
von Simon Petrus und Andreas. Im Eingang kam ihnen die Frau
des Petrus entgegen und klagte, die Mutter habe großes Fieber.
Als Jesus dies hörte, trat er zu der fiebrigen Frau, fasste sie an
der Hand und richtete sie auf. Auf der Stelle verließ sie das
Fieber. Sie stand auf und begann ihre Gäste zu bewirten.
In dem kleinen Ort Kapernaum sprach sich die Heilung der
Frau herum wie ein Lauffeuer. Die Bewohner brachten
Kranke und Gebrechliche zu Jesus. Die ganze Stadt versam-
melte sich vor der Tür, so dass kein Platz mehr blieb, um in
das Haus zu gelangen. Vier Männer, die auf einer Bahre einen
Gichtkranken herantrugen, stiegen aufs Dach und deckten die
Ziegel ab, so dass eine Öffnung entstand, die groß genug war,
die Bahre herabzulassen.
Als Jesus ihn sah, sprach er zu dem Gichtkranken: „Mein
Sohn, deine Sünden sind dir vergeben."
Es befanden sich aber auch einige Schriftgelehrte im Haus,
die meinten, Jesus lästere Gott: „Nur Gott allein kann Sünden
vergeben", beschwerten sie sich.
Als Jesus dies hörte, sprach er zu ihnen: „Was ist leichter zu
einem Gichtkranken zu sagen ‚Deine Sünden sind dir verge-
ben' oder ‚Steh auf, nimm deine Bahre und geh!'?"
Um sie zu überzeugen, dass der Sohn Gottes die Macht habe,
Sünden zu vergeben, heilte er den Gichtkranken, so dass alle,
die dies sahen, Gott priesen und Jesus glaubten.

Die Tochter des Jairus

In Kapernaum half Jesus auch dem gottesfürchtigen
Jairus. Dessen zwölfjährige Tochter war an hitzigem
Fieber erkrankt und lag im Sterben.
Jairus flehte Jesus an, ihr die Hand aufzulegen. „Dann wird
sie gesund, Meister", sagte er. „Das glaube ich ganz fest."
Jesus ging mit ihm. Unterwegs kam ihnen ein Diener des
Jairus entgegen und meldete, dass das Mädchen gestorben
sei. „Weine nicht", sagte Jesus zu Jairus. „Gehen wir in dein
Haus."
Dort waren Weinen und Wehklagen.
Jesus trat an das Lager des Mädchens und sagte: „Sie ist nicht
tot, sie schläft nur."
Die Trauernden schüttelten die Köpfe. „Sie ist gestorben",
sagte ein Mann. „Ich kenne mich aus, ich begrabe die Toten.
Sie hat das Totengesicht."
Jesus ergriff die Hand des Mädchens und sagte: „Steh auf!"
Da schlug es die Augen auf. Dann gähnte es, als ob es aus
tiefem Schlaf erwachte, und erhob sich.
Die Leute hielten den Atem an.
„Gebt dem Mädchen zu essen", sagte Jesus.
Mit Windeseile verbreitete sich die Nachricht, dass Jesus von
Nazareth sogar den Tod besiege.

Fünf Gerstenbrote und zwei Fische

Einst hatten sich viele Menschen um Jesus versammelt.
Die Bibel erzählt, dass es fünftausend gewesen seien. Sie
lagerten am Fuße des Berges und lauschten den Worten
des Meisters.

Gegen Abend mahnte ein Jünger: „Bald wird es dunkel sein.
Lassen wir die Leute in die Dörfer gehen, damit sie Speisen
und Getränke kaufen!"

„Gebt ihnen doch zu essen", sagte Jesus. Der Jünger schüttelte den Kopf. „Das ist nicht möglich. Da ist nur ein Knabe, der
fünf Gerstenbrote und zwei Fische mitgebracht hat. Aber was
ist das für so viele?"

Jesus ließ den Knaben zu sich kommen. Er nahm die Brote
und die Fische, blickte zum Himmel hinauf, betete, brach die
Brote und gab sie den Jüngern.

Diese reichten sie an die Männer, Frauen und Kinder weiter,
die sich gelagert hatten. Auch die Fische ließ Jesus verteilen.
Und siehe da: Alle bekamen zu essen, und jeder wurde satt.
Als die Jünger die Reste einsammelten, damit nichts verderbe,
füllten sie einige Körbe damit.

Die Zeugen dieses Wunders lobten Gott den Herrn; und von
Jesus sagten sie: „Diesen hat uns der Himmel gesandt."

Als sich das Volk verlaufen hatte, trat Simon Petrus zu Jesus und bat ihn: „Herr, lehre uns beten."

„So höret", sagte Jesus, hob die Hände und sprach:

„Unser Vater im Himmel,
geheiligt werde dein Name.
Dein Reich komme.
Dein Wille geschehe,
wie im Himmel,
so auf Erden.
Unser tägliches Brot gib uns heute
und vergib uns unsere Schuld,
wie auch wir vergeben unseren Schuldigern.
Und führe uns nicht in Versuchung,
sondern erlöse uns von dem Bösen.
Denn dein ist das Reich
und die Kraft
und die Herrlichkeit
in Ewigkeit.
Amen."

Jesus geht auf dem Wasser

Nachdem Jesus die Menschen gespeist hatte, schickte er sie
nach Hause und seine Jünger auf das Schiff, damit sie an das
andere Ufer des Sees fuhren.
Er selbst stieg auf einen nahe gelegenen Berg und betete.
Als das Schiff mitten auf dem See war, kam plötzlich ein star-
ker Wind auf. Das Schiff schaukelte wie eine Nussschale auf
den Wellen, die immer höher wurden. Alle Männer mussten
rudern, um gegen den Sturm anzukommen.
Als einer von ihnen von der Ruderbank aufsah, erblickte er
aufrecht auf den tosenden Wellen schreitend einen Mann, der
aufs Boot zukam. Die Apostel schrien auf; sie fürchteten ein
Gespenst zu erblicken.
Doch es war Jesus. Er sprach zu ihnen: „Seid getrost, ich bin's.
Fürchtet euch nicht!"

Petrus aber antwortete ihm: „Herr, wenn du es bist, so lasse mich zu dir kommen!"

Da forderte Jesus ihn auf, das Schiff zu verlassen und die Wellen zu betreten. Petrus stand auf, ging auf Jesus zu, doch als er die wogenden Wellen sah, verließ ihn der Mut, und er begann zu versinken.

Jesus aber ergriff Petrus, zog ihn zu sich hinauf und sagte: „Du Kleingläubiger! Warum zweifelst du?"

Mit Petrus trat er ins Schiff. Sogleich ließ der Wind nach, und die Wellen beruhigten sich. Da fielen die Jünger vor Jesus nieder und bekannten: „Du bist wahrhaftig der Sohn Gottes!"

Die Wiederbelebung des einzigen Sohns

Kurze Zeit später zog Jesus mit seinen Jüngern in eine Stadt namens Nain, und wieder folgten ihm viele Menschen.

Als sie vor dem Stadttor ankamen, trug man einen Toten heraus, um ihn außerhalb der Stadt zu begraben.

Viele Menschen folgten dem Trauerzug. An der Spitze ging eine gebeugte Witwe. Der Tote war ihr einziger Sohn, und sie weinte aus Schmerz über den großen Verlust, der sie allein auf Erden zurückließ.

Als Jesus ihre Trauer sah, hatte er tiefes Mitleid mit der Frau und sprach: „Weine nicht länger!" Er trat zu den Trägern und sprach: „Jüngling, ich sage dir, stehe auf!" Da richtete der Tote sich auf, begann zu reden und umarmte seine glückliche Mutter.

Das Volk aber bewunderte Jesus, erkannte ihn als großen Propheten und dankte Gott.

Das Wunder von Nain wurde schnell im ganzen Land bekannt und verbreitete Jesu Ruhm auch über die Grenzen.

Die Gleichnisse

Jesus und das Gleichnis vom Sämann

Jesus kehrte an den See Genezareth zurück. Dort versammelten sich so viele Leute um ihn und seine Jünger, dass er ein Boot besteigen musste, um zu den Menschen am Ufer zu reden.

Er erzählte ein Gleichnis. Das ist eine Geschichte, deren Inhalt sich den Zuhörenden erst durch Nachdenken erschließt.

„Jedes Jahr im Frühjahr geht der Bauer auf sein Feld und sät. Einige Körner fallen auf den Weg und werden von den Vögeln gefressen.

Andere fallen auf den Felsen und verdörren in der Sonne. Wiederum andere fallen unter die Dornen und werden von diesen erdrückt. Viele aber fallen auf gutes Land und gehen auf, wachsen und bringen reiche Ernte.

So ist es auch mit dem Glauben.

Der Sämann sät das Wort, manche hören es zwar, aber dann kommt der Teufel und nimmt es weg.

Bei anderen wiederum findet das Wort keine Wurzeln. Sie hören es zwar, aber vergessen es sogleich wieder.

Wieder andere hören die frohe Botschaft, sind aber zu sehr mit ihren eigenen Dingen beschäftigt, so dass das Wort Gottes ersticken muss.

Jene aber, bei denen das Wort auf guten Boden fällt, wachsen mit ihrem Glauben und gelangen in das Himmelreich."

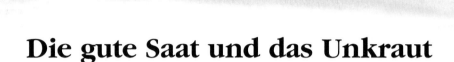

Die gute Saat und das Unkraut

Am nächsten Tag nahm Jesus seine Predigt wieder auf und erzählte ein weiteres Gleichnis:

„Ein fleißiger Bauer wählte unter seinen Samenkörnern nur die besten aus und säte sie auf seinen Acker. Als er sich nach getaner Arbeit niederlegte und zufrieden einschlief, kam sein missgünstiger Nachbar und säte Unkraut unter den Weizen. So wuchs zwar der Weizen, neben ihm aber auch das Unkraut.

Als die Knechte des Bauern dies erblickten, wollten sie das Unkraut herausreißen. Der Herr aber bot ihnen Einhalt. Er hatte Angst, sie würden den Weizen mit dem Unkraut vernichten, und sagte: ‚Lasst beides wachsen bis zur Ernte! Dann werden wir das Unkraut vom Weizen trennen und es verbrennen.‘"

Die Jünger hörten dieses Gleichnis zwar, aber sie verstanden es nicht und baten Jesus, es ihnen zu deuten.

Jesus erklärte es ihnen: „Es ist Gottes Sohn, der den guten Samen sät. Der Acker ist die Welt. Der Weizen, der gedeiht, sind die Gläubigen, bei denen der Samen auf fruchtbaren Boden fällt. Das Unkraut aber sind die Kinder der Bosheit. Wenn das Ende der Welt naht, wird der Herr seine Engel aussenden und die Gläubigen zu sich nehmen in sein Reich ewigen Friedens. Die Bösen aber werden aus dem Reich verbannt und enden in ewiger Verdammnis."

Jesus spricht zu seinen Jüngern und Gegnern

Jesus rief seine zwölf Jünger zu sich und sprach zu ihnen:
„Das Himmelreich ist nah, macht Kranke gesund, weckt Tote
auf, reinigt Aussätzige und treibt die bösen Geister aus.
Umsonst habt ihr meinen Glauben empfangen, umsonst sollt
ihr ihn auch weitergeben.

Ihr sollt weder Gold noch Silber nachjagen, der himmlische
Vater wird für euch sorgen.

Ich sende euch wie Schafe mitten unter die Wölfe.

Deshalb seid klug wie die Schlangen und friedlich wie die
Tauben.

Hütet euch aber vor den Menschen, denn sie werden euch
verfolgen.

Ihr werdet gehasst werden von jedermann um meines
Namens willen.

Wer sich aber zu mir bekennt, zu dem werde ich mich
bekennen vor meinem himmlischen Vater.

Wer mich aber verleugnet, den will ich auch verleugnen."
Doch mit seinen Lehren stieß Jesus auf den Widerstand der
Schriftgelehrten. Sie lauerten auf jede Gelegenheit, um ihn zu
tadeln. So hatten sie beobachtet, dass die Jünger ihr Brot mit
ungewaschenen Händen aßen. Dies war ein Verstoß gegen
die Gesetze der Heiligen Schrift, die die Gläubigen zu beachten hatten. Die Schriftgelehrten stellten Jesus deswegen zur
Rede.

Er aber entgegnete: „Merkt ihr nicht, dass alles, was von
außen in den Menschen hineingeht, ihn nicht unrein machen
kann, denn es geht nicht in sein Herz, sondern in den Bauch.
So erkläre ich alle Speisen für rein. Was aber aus dem
Menschen herauskommt, das macht ihn unrein, aus dem
Herzen kommen die bösen Gedanken."

Jesus heilt am Sabbat einen Kranken und widerspricht den Schriftgelehrten

An einem Sabbat ging Jesus in den Tempel, um zu lehren. Der Sabbat ist der siebte Tag der Woche, er ist Gott geweiht und dient zum Gebet. An diesem Tag darf nicht gearbeitet werden. Die Schriftgelehrten folgten Jesus, um zu beobachten, ob er am Sabbat heilen werde. Sie suchten nach einem Grund, ihn anzuklagen.

Beim Betreten des Tempels sah Jesus einen Mann mit einer verkrüppelten Hand. Da wandte er sich an die Schriftgelehrten und fragte: „Was ist am Sabbat erlaubt? Gutes zu tun oder Böses, ein Leben zu retten oder es zugrunde gehen zu lassen?"

Er sah sie der Reihe nach an, wandte sich dann dem Mann zu und befahl ihm, seine Hand auszustrecken.

Der Mann tat es, und die Hand war wieder gesund.

Die Schriftgelehrten aber sannen nach Rache.

Bald darauf brachte man Jesus zu einem Besessenen, der blind und stumm war. Auch ihn heilte Jesus, so dass er wieder reden und sehen konnte.

Doch die Schriftgelehrten wollten das Wunder nicht anerkennen und versuchten, die Menge gegen Jesus aufzubringen: „Satan ist es, der Jesus hilft, die bösen Geister auszutreiben. Er tut es in Satans Auftrag." Jesus aber antwortete: „Wenn der Satan den Satan austreibt, wie kann sein Reich dann Bestand haben? Nur mit Gottes Hilfe kann ich die Dämonen vertreiben, um euch zu zeigen, dass das Reich Gottes gekommen ist."

Der barmherzige Samariter

Immer mehr Leute kamen zu Jesus; die einen, weil sie geheilt werden wollten, andere, um sein Wort zu hören.

Die Schriftgelehrten beobachteten Jesus mit Argwohn. Um ihn auf die Probe zu stellen, richtete ein Schriftgelehrter an ihn die Frage: „Was muss ich tun, um in das Himmelreich einzugehen?"

„Was steht in der Heiligen Schrift?", fragte ihn Jesus. Der Mann antwortete: „Du sollst Gott den Herrn von ganzem Herzen lieben – und deinen Nächsten wie dich selbst."

Dann aber fragte der Mann: „Wer ist mein Nächster?"

Da erzählte ihm Jesus eine Geschichte: „Ein Judäer ging von Jerusalem nach Jericho. Unterwegs wurde er von Räubern überfallen, die ihn halbtot liegen ließen. Da kam ein Priester vorbei, sah den Verletzten und eilte weiter. Dann kam ein Tempeldiener, sah den Verletzten und eilte ebenfalls weiter. Es folgte ein Samariter, ein Mann jenes Volkes, mit dem die Judäer in Unfrieden leben. Der Samariter hatte Mitleid mit dem Verletzten. Er verband seine Wunden, gab ihm zu trinken, brachte ihn auf seinem Maultier zu einer Herberge und bezahlte den Wirt, damit er den Verwundeten gesundpflege." Jesus sah den Schriftgelehrten an und fragte: „Wer von den dreien hat sich dem Judäer als Nächster gezeigt?"

„Der Barmherzige", antwortete der Schriftgelehrte.

„So ist es", sagte Jesus. „Tu es ihm nach."

Das Gleichnis vom Festmahl

Jesus und seine Jünger waren zu einem Essen eingeladen. Als sie das Haus betraten, kam ihnen einer der Gäste entgegen. Er sagte zu Jesus, wie glücklich er sei, mit ihm an einem Tisch sitzen zu dürfen, und fragte: „Was muss ich tun, um auch an der Tafel Gottes mit dir zu speisen?"
Jesus wählte ein Gleichnis als Antwort.

„Es war einmal ein reicher Mann, der bereitete ein großes Abendmahl vor und lud alle seine Freunde dazu ein. Als aber der Tisch gedeckt war, erschien niemand. Also schickte er seinen Diener aus, um seine Freunde zu holen.

Dieser aber kam bald allein zurück und erzählte, der erste Gast habe einen Acker gekauft und müsse ihn besichtigen, der zweite habe ein Ochsengespann erworben und müsse es begutachten, der dritte habe gerade geheiratet und wolle seine Frau nicht allein lassen.

Da wurde der Gastgeber zornig und befahl seinem Knecht: ‚Geh hinaus auf die Straßen und Gassen der Stadt und führe die Armen, die Blinden, die Lahmen und die Krüppel herein, auf dass mein Haus voll werde! Von meinen Freunden aber soll nie mehr einer mit mir an meinem Tisch sitzen.'"

Der verlorene Sohn

Ein reicher Mann hatte zwei Söhne. Der jüngere der beiden
ging eines Tages zu seinem Vater und bat ihn, ihm schon jetzt
sein Erbe zu geben. Er wolle anderswo versuchen, sein Glück
zu machen.
Der Vater wurde sehr traurig, aber er wollte dem Sohn die
Bitte nicht abschlagen.

Der Sohn zog also fort in ein fernes Land und hatte bald sein gesamtes Vermögen verschwendet. Schließlich blieb ihm nichts anderes übrig, als bei einem Bauern als Schweinehirt zu arbeiten. Seinen Hunger stillte er mit dem Schweinefutter. Reumütig entschloss er sich, nach Hause zurückzukehren, um im Hause seines Vaters als Knecht zu arbeiten.

Als der Vater den verlorenen Sohn erkannte, lief er freudestrahlend auf ihn zu und verzieh dem reumütigen Sünder. Er war über die Rückkehr des Sohnes so glücklich, dass er ein Fest ausrichtete und das beste Kalb schlachten ließ.

Als am Abend der ältere Bruder müde von der Feldarbeit heimkehrte, erzählten ihm die Knechte, was vorgefallen war. Er war empört über eine solche Ungerechtigkeit und weigerte sich das Haus zu betreten.

Als der Vater vor die Tür trat, um ihn hereinzuholen, rief er: ‚Jahrelang habe ich gearbeitet, doch für mich hast du nie ein Fest gegeben. Meinen Bruder aber, der sein ganzes Vermögen verprasst hat, den empfängst du voller Liebe.'

Der Vater aber sprach zu ihm: ‚Mein Sohn, du bist immer bei mir gewesen und alles, was mein ist, gehört auch dir. Dein Bruder aber, den wir tot glaubten, ist wieder lebendig geworden. Dürfen wir da nicht fröhlich sein und ein Fest feiern?'"

Der arme Lazarus

Es war einmal ein reicher Mann, der trug die feinsten
Gewänder und lebte herrlich alle Tage voller Freude. Vor der
Tür seines prächtigen Hauses aber lag ein Armer namens
Lazarus, dessen Körper über und über von Geschwüren
bedeckt war. Hungrig bat er die Diener des Reichen, ihm zu
essen geben, was von des reichen Mannes Tische fiel, aber
selbst das wurde ihm von dem Reichen verweigert. Statt-
dessen kamen die Hunde des Reichen und leckten die
Geschwüre des armen Lazarus.
Kein Mensch hatte Mitleid mit dem Gebrechlichen.
Als Lazarus aber starb, wurde er von den Engeln in den
Himmel getragen und saß in Abrahams Schoß.
Bald darauf starb auch der Reiche. Doch er kam nicht in den
Himmel, sondern in die Hölle. Hier quälten ihn grausame
Hitze, großer Hunger und Durst. In seiner Not richtete er die
Augen zum Himmel und erblickte Abraham, auf dessen Schoß
Lazarus saß.
Er jammerte und bat Abraham, Lazarus mit ein wenig Wasser
zu ihm zu schicken.
Abraham aber wies ihn ab mit den Worten: „Denke daran, wie
viel Gutes du in deinem Leben empfangen hast, und erinnere
dich, in welcher Qual Lazarus sein Leben verbringen musste.
Du hast deinen Anteil zu Lebzeiten gehabt, aber Lazarus wird
hier für seine Pein auf Erden auf ewig getröstet."

Du bist Christus

Drei Jahre wanderten Jesus und seine Jünger durch das Land. Jesus predigte von der ewigen Seligkeit, die alle erwarte, die Buße für ihre Sünden und Gutes den Nächsten tun.

Er heilte Taube, Lahme und Aussätzige. Er machte Blinde sehend und gab einem Stummen die Sprache wieder.

Sein Ruf verbreitete sich mit Windeseile. Wohin er kam, strömten ihm Leute zu.

Besonders gut verstand er sich mit Kindern. Als die Jünger einmal laute Knaben und Mädchen von ihm fernhalten wollten, sagte er: „Lasst die Kinder zu mir kommen, denn ihnen gehört das Himmelreich."

Immer zorniger wurden die Neider auf ihn.

Eines Tages fragte er seine Jünger: „Für wen halten mich die Leute?"

Sie antworteten: „Einige sagen, du wärst Johannes der Täufer. Andere halten dich für Mose, wieder andere für den Propheten Elia oder einen neuen Propheten."

„Für wen haltet ihr mich?", fragte Jesus.

Simon Petrus antwortete für alle: „Du bist Christus, der Erlöser, der Sohn des lebendigen Gottes."

Jesus sprach zu ihm: „Nicht dein Verstand hat dir das offenbart, Simon, sondern mein Vater, der im Himmel ist. Ich aber sage dir: Du bist Petrus, das heißt ‚der Fels'. Auf diesen Felsen will ich meine Kirche bauen, und die Pforten der Hölle sollen sie nicht überwältigen. Dir will ich die Schlüssel des Himmelreichs geben. Was du auf Erden bindest, das soll auch im Himmel gebunden sein. Was du auf Erden lösest, wird auch im Himmel gelöst sein."

Kurze Zeit später ging Jesus mit Simon Petrus, Jakobus und
Johannes in die Berge. Sie wanderten bis zum Abend.
Rasch wurde es dunkel.
Übermüdet lehnten sich die Jünger an eine Felswand.
Jesus betete – und die drei erschraken. Das Gesicht ihres
Meisters erstrahlte plötzlich in himmlischem Glanz, und
sein Gewand leuchtete in blendendem Licht.
Mose und der Prophet Elia erschienen neben ihm und
verneigten sich ehrerbietig.
„Dies ist mein lieber Sohn!", rief Gottes Stimme aus einer
Wolke. „Auf ihn sollt ihr hören!"
Simon Petrus, Jakobus und Johannes warfen sich zu Boden
und hielten sich vor dem blendenden Licht die Augen zu.
Sie wagten erst aufzublicken, als Jesus sie berührte. Da war
der himmlische Glanz verschwunden.
„Steht auf und fürchtet euch nicht", sagte Jesus. „Doch erzählt
niemandem von dem, was ihr erlebt habt. Erst dann sprecht
darüber, wenn der Verklärte von den Toten auferstanden ist."
Sie begriffen nicht, was er meinte, doch versprachen sie zu
schweigen.

Vom Kamel und dem Nadelöhr und der Arbeit im Weinberg

„Jesus, was muss ich tun, damit ich in den Himmel komme?", fragte einer aus der Menge, die Jesus stets begleitete.

Jesus erinnerte ihn an die Einhaltung der Gebote der Heiligen Schrift. Der Gläubige erwiderte: „Ich habe sie eingehalten von frühster Jugend an." Da entgegnete ihm Jesus: „Gehe hin und verkaufe alles, was du hast! Gib es den Armen, und du wirst einen Schatz im Himmel haben!" Der Mann ging traurig und nachdenklich davon, denn er verfügte über große Reichtümer. Als Jesus das sah, sprach er zu seinen Jüngern:

„Ihr seht, wie schwer es für die Reichen wird, ins Reich Gottes zu kommen. Es ist leichter, dass ein Kamel durch ein Nadelöhr geht, als dass ein Reicher in den Himmel kommt." Und er erzählte den Jüngern ein weiteres Gleichnis: „Ein reicher Grundbesitzer stand morgens früh auf, ging auf den Markt und warb einige Leute für die Arbeit in seinem Weinberg an. Als er feststellte, dass sie die Arbeit nicht schafften, holte er zwei Stunden später neue Arbeiter herbei und Stunden später weitere. So ging das den ganzen Tag, die letzten holte er am späten Nachmittag.

Als der Abend hereinbrach, rief er seinen Verwalter herbei und ließ alle Arbeiter, ganz gleich, wie lange sie gearbeitet hatten, mit einem Taler entlohnen. Die Leute, die frühmorgens die Arbeit aufgenommen hatten, waren empört über die Ungerechtigkeit.

Der Grundbesitzer erwiderte: „Ich habe euch gezahlt, was wir am Morgen vereinbart haben. Habe ich denn nicht die Macht zu geben, was ich will? Warum bis du neidisch, wenn ich gütig bin? So werden die Letzten die Ersten sein und die Ersten die Letzten, denn viele sind berufen, aber wenige sind auserwählt."

Die Falle der Schriftgelehrten und das Gleichnis von den zehn Jungfrauen

Der Zorn der Schriftgelehrten auf Jesus wuchs, und so suchten sie einen Weg, ihm zu schaden. Sie fragten ihn, ob es Recht sei, dass man dem römischen Kaiser Steuern zahlen müsse. Sie zeigten ihm eine Münze mit dem Bild des Kaisers und der Inschrift „Tiberius Caesar, des göttlichen Augustus Sohn".

Jesus erkannte die Falle. Würde er das Zahlen der Steuern und die Anerkennung des göttlichen Augustus verweigern, so würde er sich die römische Staatsmacht zum Gegner machen. Darauf aber stand die Todesstrafe. Daher antwortete er: „Gebt dem Kaiser, was des Kaisers ist, und Gott, was Gottes ist!"

Seinen Jüngern riet Jesus, immer auf die Aufnahme ins Himmelreich vorbereitet zu sein, und erklärte das in einem Gleichnis.

„Zehn Jungfrauen erwarteten ihren Bräutigam und gingen ihm entgegen. Alle zehn nahmen Öllampen mit, aber nur fünf auch Öl, um sie nachzufüllen.

Am Abend schliefen sie alle erschöpft ein und erwachten erst, als ihnen die Ankunft des Bräutigams verkündet wurde. Die fünf klugen Jungfrauen füllten die erloschenen Lampen nach, die dummen mussten umkehren, um neues Öl zu kaufen.

Als der Bräutigam eintraf, kamen die fünf klugen Jungfrauen mit in sein Haus. Die fünf anderen aber standen vor der verschlossenen Tür."

Das sollte bedeuten, man müsse stets vorbereitet sein.

„Denn ihr wisst weder Tag noch Stunde, in der der Menschensohn kommt, um euch zu erlösen."

Jesus geht nach Jerusalem

Lazarus, komm heraus

Das Osterfest war nahe.

Die Juden nannten es „Passah". Sie feierten es zum Gedenken
an den Tag, an dem Mose das Volk Israel aus ägyptischer
Knechtschaft geführt hatte.

Zum Osterfest kamen Gläubige aus nah und fern nach
Jerusalem. Dort besuchten sie den Tempel, brachten Opfer
dar und beteten.

„Meine Zeit ist gekommen", sagte Jesus zu den Jüngern.
„Lasst uns nach Jerusalem gehen."

Sie verstanden nicht, was er meinte, und einer fragte: „Wieso
sagst du, dass deine Zeit gekommen ist?"

Jesus antwortete: „Der Hohepriester und der Hohe Rat der
Schriftgelehrten und Pharisäer fordern meinen Tod und
werden mich den Römern ausliefern. Der Statthalter wird
mich verurteilen, aber ich werde den Tod besiegen."

Das begriffen die Jünger erst recht nicht, doch trauten sie
sich nicht weiterzufragen. Jesus sah seltsam abwesend aus
– so, als sehe er in eine andere Welt.

Sie kamen in das Dorf Bethanien, das am Weg nach Jerusalem
lag. Dort wohnten die Schwestern Maria und Martha mit
ihrem Bruder Lazarus. Jesus kannte sie gut, sie waren seine
Freunde.

Doch jetzt empfing ihn großer Jammer. Lazarus war
gestorben. Nun lag er schon vier Tage im Grabe.
Maria und Martha waren untröstlich.
Jesus bat sie, ihn zum Grab zu führen. Neugierige folgten
ihnen. Das Grab war eine von einem Stein verschlossene
Felshöhle.
„Wälzt den Stein weg", befahl Jesus.
Jesus hob die Hände zum Himmel und betete stumm.
Dann rief er in die Höhle: „Lazarus, komm heraus!"
Die Leute hielten den Atem an.
Da trat der Tote aus dem Grab. Er ging mit kleinen Schritten,
denn sein ganzer Körper war mit Leinenbinden umwickelt,
sein Gesicht mit einem Tuch verhüllt.
„Nehmt ihm die Tücher ab", sagte Jesus.
Es geschah.
Lazarus war frisch und gesund. Als er die vielen Menschen
sah, glaubte er, aus einem Traum zu erwachen.
Einer der Neugierigen sprach aus, was viele dachten: „Dieser
Jesus ist wahrlich von Gott gesandt."
„Selbst der Tod gehorcht ihm", murmelte ein anderer und
verneigte sich tief.

Gelobt sei, der da kommt

Auf einem jungen Esel, den Freunde ihm geschenkt hatten, ritt Jesus in Jerusalem ein.

Die Kunde von seiner Ankunft hatte sich schnell herumgesprochen. Eine große Volksmenge lief vor das Stadttor, um den Gottgesandten zu begrüßen, der so viele Wunder vollbracht hatte. Männer, Frauen und Kinder jubelten ihm zu.

Sie legten Palmzweige auf seinen Weg und riefen: „Gelobt sei, der da kommt im Namen des Herrn!"

Jesus segnete sie.

Er ritt auf den Tempelberg und ging in den Tempel.

Dort war Lärm. In einer Vorhalle hatten Geldwechsler ihre Tische aufgestellt, und Händler boten Opfertiere zum Kauf an. Zicklein und Lämmer zerrten an Stricken und blökten, Tauben flatterten in engen Käfigen.

Die Wechsler und Händler riefen nach Kunden. Sie schimpften und fluchten, wenn sich Tiere losrissen und Käufer die Preise herunterzuhandeln versuchten.

In heiligem Zorn machte Jesus dem Treiben ein Ende. Mit einer Geißel aus Stricken jagte er die Geschäftemacher davon, stieß die Tische der Geldwechsler um und ließ die Tiere frei.

„Der Tempel meines Vaters ist ein Bethaus!", rief er mit lauter Stimme. „Ihr habt ihn zur Räuberhöhle gemacht!"
Nun waren auch Händler und Wechsler seine Feinde geworden. Sie beschwerten sich beim Hohen Rat, der die Aufsicht über den Tempel ausübte.
„Das Volk jubelt diesem Jesus zu", sagte ein Ratsherr. „Er schadet unserem Ansehen und könnte uns gefährlich werden. Wir sollten ihn festnehmen und für immer verschwinden lassen."
„Wenn er am Tag festgenommen wird, gibt es bestimmt einen Aufstand", warnte ein anderer. „Dann werden die Römer eingreifen und uns noch mehr unterdrücken als bisher."
„Lasst uns überlegen, was wir tun sollen", sagte der Hohepriester.
Sie überlegten lange.
Und ein Verräter half ihnen.
Judas Ischariot, einer von Jesu Jüngern, kam heimlich zu ihnen und sagte: „Ich könnte euch verraten, wann und wo ihr Jesus von Nazareth festnehmen könnt, ohne dass ihm seine Anhänger zu Hilfe kommen. Was bezahlt ihr mir dafür?"
Sie boten ihm dreißig Silberlinge.
Judas nahm sie.

Jesus besiegt den Tod

Das letzte Abendmahl

Am Abend rief Jesus seine zwölf Jünger zum gemeinsamen Abendmahl zusammen.

Jesus, der wusste, dass er von Gott gekommen war und nun bald zu Gott zurückkehren sollte, stand vom Tisch auf, legte die Kleider ab und ein Leinentuch um seine Hüften. Dann nahm er eine Schüssel, wusch den Jüngern die Füße und trocknete sie mit dem Leinentuch ab. Als Jesus zu Petrus kam, weigerte der sich, die Füße waschen zu lassen, und sagte, es solle umgekehrt sein: „Wir als deine Diener sollten dir die Füße waschen."

„Lasse mich gewähren", sprach Jesus. „Erst später wirst du verstehen, warum ich so gehandelt habe."

Dann zog er seine Kleider wieder an, setzte sich zu den anderen an den Tisch und sprach: „Ihr nennt mich zu Recht euren Herrn, und dennoch habe ich euch wie ein Diener die Füße gewaschen. Ich will, dass ihr meinem Beispiel folgt und euch gegenseitig die Füße wascht. So lernt ihr, zu handeln wie ich an euch gehandelt habe. Denn der Sklave ist nicht kleiner als sein Herr und der Gesandte nicht kleiner als der, der ihn gesandt hat."

Der Tisch war gedeckt mit den Speisen und Getränken, die
die Israeliten am Abend vor ihrem Auszug aus Ägypten gegessen und getrunken hatten: ungesäuertes Brot und Wein, dazu
bittere Kräuter, Nüsse, Feigen, getrocknete Trauben, Essig und
Salz. Nur das Osterlamm fehlte.

Jesus war so betrübt, wie ihn die Jünger noch nie gesehen
hatten. „Was quält dich, Meister?", fragte Simon Petrus.

Jesus antwortete: „Einer von euch wird mich verraten."

Da erschraken die Jünger und fragten: „Wer ist es, Herr?"

Jesus sagte: „Der ist es, dem ich den Bissen geben werde."
Er nahm ein Stückchen Brot, reichte es Judas Ischariot und
sprach zu ihm: „Was du tun willst, das tue bald."

Judas eilte in die Dunkelheit hinaus.

Als der Verräter gegangen war, nahm Jesus das Brot, segnete
und brach es. Dann gab er es den Jüngern und sprach:
„Nehmt es und esset alle davon. Das ist mein Leib." Dann
nahm er den Kelch, segnete ihn, reichte ihn den Jüngern und
sprach: „Trinket daraus. Das ist mein Blut, das für euch und
für viele vergossen wird zur Vergebung der Sünden."

Er sah die Jünger der Reihe nach mit ernster Miene an und sagte: „Sooft ihr das Brot esst und aus dem Kelch trinkt, sollt ihr an mich denken."

Nach dem Mahl ging Jesus mit den Jüngern zum Ölberg, um zu beten.

Sie kamen an den Garten Gethsemane, der von einer Mauer umgeben war. Vor dem Tor sagte Jesus zu den Jüngern: „Bleibt hier zurück, während ich bete."

Nur Simon Petrus, Jakobus und Johannes durften Jesus in den Garten begleiten.

Judas war ihnen heimlich gefolgt.

Jetzt eilte er zum Hohenpriester.

„Jesus ist nach Gethsemane gegangen", meldete er atemlos. „Elf Jünger begleiten ihn. Nur drei sind ihm in den Garten gefolgt."

„Wie sollen ihn meine Knechte erkennen?", fragte der Hohepriester.

„Ich führe sie", sagte Judas. „Der, den ich auf die Wange küssen werde, der ist es."

Das Versprechen des Jüngers Petrus

Bevor Jesus gemeinsam mit Simon Petrus, Jakobus und Johannes den Garten Gethsemane betrat, sprach er noch einmal zu seinen Jüngern und sagte: „Ihr alle werdet mein Verhalten nicht verstehen und tadeln."
Petrus widersprach heftig und sagte: „Auch wenn alle anderen dich nicht verstehen und von dir abfallen, so werde ich doch immer zu dir stehen."
Jesus aber antwortete: „Petrus, ich sage dir, noch heute Nacht, ehe der Hahn zweimal kräht, wirst du mich dreimal verraten haben."
Petrus aber erwiderte: „Selbst wenn ich mit dir sterben müsste, niemals würde ich dich verleugnen."
Und auch alle anderen Apostel versicherten Jesus ihre Treue.

Jesus wird verurteilt

Stille war im Garten Gethsemane.

„Ich leide Todesangst", sagte Jesus zu Simon Petrus, Jakobus und Johannes. „Wachet und betet hier mit mir."

Er ging einige Schritte weiter, kniete nieder und flehte: „Vater im Himmel, lasse mich nicht leiden." Dann neigte er das Haupt und sprach: „Doch nicht mein, sondern dein Wille geschehe."

Er kehrte zu Simon Petrus, Jakobus und Johannes zurück und fand sie schlafend. „Könnt ihr nicht einmal eine kleine Weile mit mir wachen?", fragte er vorwurfsvoll. „Wachet und betet!" Die Jünger versprachen es.

Jesus warf sich zum zweiten Mal auf die Knie und flehte: „Vater im Himmel, erbarme dich meiner – doch es geschehe, was du mir bestimmt hast."

Als er zurückkehrte, schliefen die drei Jünger erneut: „Jetzt weckte er sie nicht mehr. Zum dritten Mal betete er allein. Die Todesangst trieb ihm den Schweiß auf die Stirn. Der Schweiß war blutrot. Da kam ein Engel vom Himmel und tröstete den Verzweifelten. Gefasst ging Jesus zu seinen Jüngern zurück und sagte: „Steht auf, der Verräter ist da."

Fackelschein geisterte heran, Waffen klirrten. Judas Ischariot führte eine Schar bewaffneter Knechte an. Er trat auf Jesus zu. „Ich grüße dich, Meister", sagte er und küsste ihn auf die Wange. Da fielen die Knechte über Jesus her, fesselten ihn und schleppten ihn fort.

Die Jünger flohen verängstigt.

Die Knechte führten Jesus als Gefangenen in den Palast des Hohenpriesters. Dort hatte sich der Hohe Rat versammelt. Pharisäer und Schriftgelehrte verhörten Jesus, doch konnten sie ihm keine Verbrechen nachweisen. Da sagte der Hohepriester: „Die Leute behaupten ,dass du Gottes Sohn seiest."

Er erhob sich und rief: „Ich beschwöre dich! Sag uns, ob du

Christus der Erlöser bist, der Sohn des Gottes unserer Väter!"
„Ich bin es", antwortete Jesus.
„Er hat Gott gelästert!", keuchte der Hohepriester. „Dafür
verdient er den Tod!" „Den Tod!", riefen die anderen.
Doch nur der römische Statthalter durfte ein Todesurteil aus-
sprechen und vollstrecken lassen.
So brachten der Hohepriester und seine Vertrauten den
Gefangenen am Freitagmorgen zu Pontius Pilatus, der den
römischen Kaiser vertrat.
„Was werft ihr ihm vor?", fragte der Statthalter.
„Er hat Gott gelästert!", riefen sie. „Er behauptet, Gottes Sohn
zu sein! Dafür verdient er den Tod!"
„Aber nein", sagte Pontius Pilatus. „Ich glaube an andere
Götter als ihr. Meine Götter haben viele Söhne und Töchter.
Sohn eines Gottes zu sein, ist kein Verbrechen für mich."
Die Ankläger schnappten nach Luft.
Da sagte der Hohepriester: „Seine Anhänger halten ihn für
den König der Juden."

„Das ist schlimm", gab Pontius Pilatus zu. „König der Juden ist
der römische Kaiser und sonst niemand." Er wandte sich an
Jesus und fragte ihn: „Bist du ein König?"
Jesus antwortete ihm: „Ich bin ein König; doch mein Reich ist
nicht von dieser Welt."
Pilatus lachte. „Ein König, dessen Reich nicht in unserer Welt
liegt, kann meinem Kaiser nicht gefährlich werden", spottete
er. „Jesus ist ein Narr. Ich finde keine Schuld an ihm."
Der Hohepriester trat dicht zu Pilatus und flüsterte ihm zu:
„Wenn du diesen Gotteslästerer und Feind des Römischen
Reiches nicht verurteilst, verrätst du den Kaiser! Ich habe
Freunde in Rom. Sie werden dafür sorgen, dass du als
Statthalter abgelöst wirst. Dafür, dass du den Staatsfeind Jesus
begnadigt hast, wird dich der Kaiser wahrscheinlich hinrich-
ten lassen. Denk nach, Pilatus, und handle klug! Sprich den
Angeklagten schuldig, bevor es Aufstände in Jerusalem gibt."
Da fürchtete sich Pontius Pilatus und verurteilte Jesus zum
Tod am Kreuz.

Petrus verleugnet Jesus

Judas bereute seinen Verrat tief und fürchtete, zum Tode verdammt zu sein. Voller Furcht lief er zu den Pharisäern und Schriftgelehrten und sprach: „Ich habe übel getan, dass ich meinen unschuldigen Herrn verraten habe."

Die Silberlinge wollte er zurückgeben.

Doch die Schriftgelehrten rührte dies nicht. Sie sagten: „Was geht uns das alles an? Damit musst du fertig werden."

Da warf Judas ihnen die dreißig Silberlinge hin, rannte aus der Stadt und erhängte sich am nächsten Baum.

Petrus aber folgte dem Zug der Soldaten mit dem gefangenen Jesus bis in den Hof des Hauses des Hohenpriesters.

Als er sich dort am Feuer wärmte, sprach ihn eine Magd an und sagte: „Du gehörst doch auch zu den Anhängern dieses Jesus von Nazareth."

Doch Petrus leugnete und floh in den Vorhof.

Dort begegnete ihm die Magd ein zweites Mal. Sie wies auf Petrus und sagte zu den Umstehenden: „Der gehört zu Jesus."

Petrus leugnete ein zweites Mal.

Jetzt erkannten ihn auch andere aus der Menge, wiesen auf Petrus und sagten: „Seht diesen Galiläer! Er gehört zum Kreis Jesu."

Da begann Petrus zu fluchen und schwor: „Ich kenne den Mann nicht." So verleugnete er seinen Herrn zum dritten Mal. Kurz darauf krähte ein Hahn kräftig zweimal.

Da erinnerte sich Petrus an die Worte Jesu, bereute seine Handlung und brach in Tränen aus.

Der Vorhang im Tempel zerreißt

Der Hügel Golgatha (das bedeutet „Schädelstätte") lag vor Jerusalems Stadtmauer. Hier wurde Jesus zusammen mit zwei Räubern von römischen Soldaten gekreuzigt.
Es war Freitagvormittag (gegen neun Uhr nach unser Zeitrechnung).
Neider und Feinde verspotteten den gekreuzigten Jesus. „Wenn du Gottes Sohn bist, dann steige herunter!", höhnten sie. Einige spöttelten: „Anderen hat er geholfen, sich selbst kann er nicht helfen!" Wieder andere riefen höhnisch: „Sei gegrüßt, König der Juden!"
„Vater, vergib ihnen", sagte Jesus leise, „sie wissen nicht, was sie tun."
Seinem Kreuz am nächsten standen in hilflosem Schmerz Mutter Maria und der Jünger Johannes.
Jesus sprach zu seiner Mutter vom Kreuz herab: „Siehe, das ist dein Sohn", und zu Johannes: „Siehe, das ist deine Mutter."
Von da an nahm Johannes die Mutter Jesu zu sich.
Quälend langsam schlich die Zeit dahin.
Am Nachmittag (gegen fünfzehn Uhr) blickte Jesus zum Himmel hinauf und rief mit lauter Stimme: „Vater, in deine Hände gebe ich meine Seele!"
Dann starb er.
Da verfinsterte sich der Himmel. Die Erde bebte. Mauern stürzten ein. Blitze zuckten vom Himmel, und der Vorhang im Tempel zerriss.
Jerusalem fiel in Angst und Schrecken. „Wahrlich, dieser war Gottes Sohn!", rief der römische Hauptmann, der unter dem Kreuz Christi stand.

Der reiche Josef von Arimathia, ein Bewunderer Jesu, ging zu
Pilatus und bat ihn, den Gekreuzigten bestatten zu dürfen.
Der Statthalter erlaubte es.
Josef und sein Freund Nikodemus ließen den Leichnam vom
Kreuz abnehmen, salben und in Leinentücher binden.
Dann legten sie ihn in das Felsengrab, das Josef für sich hatte
anlegen lasen. Es lag in einem Garten in der Nähe von
Golgatha. Sie wälzten einen großen Stein vor die Grabhöhle
und verließen das Grab in stiller Trauer.
Auch der Hohepriester und einige Schriftgelehrte eilten zu
Pilatus. „Dieser Jesus hat behauptet, dass er am dritten Tag
nach seinem Tod auferstehen werde", sagten sie. „Dass das
unmöglich ist, wissen wir. Dennoch sorgen wir uns."
„Was wollt ihr?", fragte der Statthalter.
„Erlaube uns, eine Wache vor das Grab zu stellen", bat der
Hohepriester. „Die Jünger könnten den Leichnam stehlen und
dann behaupten, dass Jesus auferstanden sei."
Pilatus gestattete ihnen, eine Wache aufzustellen.
Noch am selben Abend zogen bewaffnete Tempelknechte als
Wachposten vor dem Felsengrab auf.

Auferstehung und Himmelfahrt

Von dem, was am Ostersonntag (am dritten Tag nach der Kreuzigung) geschah, erzählt die Bibel:

„Und siehe, da war am Morgen ein großes Erdbeben. Ein Engel des Herrn kam vom Himmel und wälzte den Stein vom Grabe. Sein Gewand war weiß wie Schnee, und sein Antlitz leuchtete wie der Blitz. Aus Furcht vor ihm stürzten die Wächter zu Boden und lagen wie tot."

Zur selben Zeit gingen drei Frauen, die Jesus betrauerten, zum Grab hinaus, um den Leib des Gekreuzigten zu salben. Das war ein frommer Brauch.

„Wer wird uns den Stein wegwälzen?", sagten sie zueinander. „Wir sind zu schwach."

Als sie zum Grabe kamen, war der Stein beiseite gerollt.

Sie gingen in die Höhle und erschraken. Die Grabstätte war leer. Daneben saß ein Engel in weißem Gewand.

Er sagte: „Fürchtet euch nicht. Ihr sucht Jesus von Nazareth, den Gekreuzigten. Er ist auferstanden. Sagt es Simon Petrus und den anderen Jüngern."

In freudigem Schreck eilten die Frauen nach Jerusalem zurück. Von den Tempelknechten, die das Grab bewacht hatten, berichtet die Bibel:

„Sie waren in die Stadt gelaufen und meldeten dem Hohenpriester, was geschehen war. Der Hohepriester beriet mit dem Hohen Rat. Dann gab er den Wächtern Geld und befahl ihnen: ‚Sagt den Leuten, dass ihr geschlafen hättet. Da seien Jünger gekommen und hätten den Leichnam gestohlen.'" Die Wächter nahmen das Geld und erzählten, was ihnen befohlen war.

In den nächsten vierzig Tagen erschien der auferstandene
Jesus seinen Jüngern, den frommen Frauen und seinen
Freunden in dem Dorf Emmaus, in der Stadt Jerusalem und
am See Genezareth. Er zeigten ihnen die Wundmale der
Kreuzigung, brach mit ihnen das Brot und sprach zu ihnen.
Am vierzigsten Tag traf er mit den Jüngern auf einem Berg in
Galiläa zusammen.
Er segnete sie und sprach: „Geht in die Welt hinaus, taufet die
Völker im Namen des Vaters, des Sohnes und des Heiligen
Geistes und lehrt sie halten, was ich euch geboten habe.
Fürchtet euch nicht; denn ich bin bei euch alle Tage bis an
das Ende der Welt."
Noch während er sprach, wurde der Himmel aufgehoben,
und eine Wolke entzog ihn den Blicken der Jünger.
Sie kehrten nach Jerusalem zurück und taten, was er ihnen
aufgetragen hatte.

Apostel und Missionare verkündeten alsbald die Lehre des
Auferstandenen in alle Welt.
Schon in alter Zeit wurden jene, die an Jesus Christus glaub-
ten, „Christen" genannt.
Heute gibt es viele Millionen Christen auf der ganzen Erde.

Der ungläubige Thomas

Als Jesus nach der Auferstehung seinen Jüngern erschien und
zu ihnen sprach, fehlte einer von ihnen, nämlich Thomas.
Als sie alle zwölf das nächste Mal zusammenkamen, berichteten sie Thomas von der Auferstehung und der Erscheinung
des Herrn. Thomas wollte ihnen nicht glauben und sprach:
"Das glaube ich erst, wenn ich die Male der Nägel an seinen
Händen und Füßen sehe und meinen Finger in die Male der
Nägel und meine Hand in die Wunde an seiner Seite legen
kann."
Eine Woche darauf waren die Jünger wieder versammelt.
Auch Thomas war dabei. Sie befanden sich in einem Saal,
dessen Türen verschlossen waren. Plötzlich war Jesus
mitten unter ihnen und sagte: „Friede sei mit euch!"
Dann ging er zu Thomas und forderte ihn auf: „Strecke dei-
nen Finger aus! Hier sind meine Hände. Lege deine Hand in
meine Seite und sei nicht länger ungläubig, sondern gläubig!
Nur weil du mich jetzt gesehen hast, glaubst du. Selig aber
sind die, die nicht sehen und doch glauben."

Die Erscheinung des Heiligen Geistes zu Pfingsten

Am Tage des Pfingstfestes versammelten sich die Jünger in Jerusalem. Auch Maria war dabei, und alle Anhänger Jesu aus der Stadt schlossen sich ihnen an.

Plötzlich kam vom Himmel ein mächtiges Brausen wie ein heftiger Sturm bei einem großen Gewitter, und feurige Zungen fuhren nieder und setzten sich auf die Köpfe der Apostel. Da wurden sie vom Heiligen Geist erfüllt und begannen, in fremden Sprachen zu reden.

In Jerusalem aber wohnten Menschen aus vielen verschiedenen Ländern. Sie alle waren durch das Getöse angelockt worden und schauten auf das Wunder.

Plötzlich hörte jeder von ihnen aus dem Mund der Apostel seine eigene Sprache. Dabei war es ganz gleich, ob er Parther, Meder oder Elamiter war, ob er aus Mesopotamien, Judäa, Kapadokien, Phrygien, Ägypten oder aus Libyen war, ob Römer, Jude, Kreter oder Araber. Alle hörten in ihrer Sprache die Verkündigung der Herrlichkeit Gottes und seiner großen Taten, obwohl die Jünger Galiläer waren und die Sprache der Umstehenden nicht kannten.

Die Steinigung des Stephanus

Die Jünger verstanden die Aufforderung des Herrn, den Glauben in allen Sprachen zu verbreiten. Sie zogen durch die Lande und predigten die Worte, die sie von Jesus gelernt hatten.

Einer von ihnen, Stephanus, war voll besonderer Gnade und Kraft. Er tat Wunder und verbreitete die Botschaft Gottes voller Überzeugung. Aber er hatte auch viele eifersüchtige Gegner. Es waren Kyremäer, Libertiner, Leute aus Alexandria, die ließen Stephanus verleumden und behaupteten, er habe Lästerworte gegen Mose und Gott geredet. Sie verführten das Volk und brachten die Ältesten und Schriftgelehrten auf ihre Seite.

Da ließen die Schriftgelehrten Stephanus ergreifen und führten ihn vor den Hohen Rat. Falsche Zeugen sollten ihn belasten.

Stephanus sah auf zum Himmel, sah die Herrlichkeit Gottes und Jesus zur Rechten an seiner Seite und verkündete dies aus ganzer Seele.

Die Leute aber hielten sich die Ohren zu, schrien ihn nieder, stießen Stephanus vor die Tore der Stadt und steinigten ihn.

Stephanus aber betete und sprach: „Herr Jesus, nimm meinen Geist und vergib ihnen diese Sünde."

Mit diesen Worten verstarb er. Er war einer der ersten Märtyrer des noch jungen Christentums.

Aus Saulus wird Paulus

Saulus war einer der Schriftgelehrten, die mit Drohungen und Mord gegen die Jünger des Herrn vorgingen.

Vom Hohenpriester erbat er sich die Erlaubnis, nach Damaskus zu reisen. Dort waren die Anhänger Jesu besonders zahlreich. Er wollte sie gefangen nehmen und nach Jerusalem bringen. Auf der Reise nach Damaskus aber, kurz vor der Stadt, strahlte plötzlich ein grelles Licht vom Himmel; Saulus stürzte zu Boden. Eine laute Stimme ertönte: „Saulus, warum verfolgst du mich?" Saulus fragte: „Wer bist du, Herr?" Die Stimme antwortete: „Ich bin Jesus, dein Herr, den du verfolgst. Geh in die Stadt, dort wirst du erfahren, was mit dir geschehen soll."

Auch Saulus' Begleiter hatten die Stimme gehört, aber niemanden gesehen. Sie hoben Saulus vom Boden auf, und als er die Augen öffnete, war er blind. Da nahmen sie ihn bei der Hand und führten ihn nach Damaskus.

Drei Tage war Saulus blind. Er aß und trank nichts.

In der Stadt lebte auch Hananias, ein treuer Anhänger Jesu. Dem erschien der Herr und schickte ihn in das Haus des Saulus, um ihn zu heilen.

Hananias zögerte, weil er die Schandtaten des Saulus kannte. Gott aber forderte ihn auf, seinem Willen zu folgen.

Also ging Hananias in das Haus des Saulus, legte ihm die Hände auf, und auf der Stelle konnte Saulus wieder sehen.

Von diesem Tage an war Saulus bekehrt. Er nannte sich Paulus und wurde einer der treuesten Anhänger Jesu.

Er zog durch die Lande und verbreitete seine Lehren. So wurde er zu einer der tragenden Säulen der jungen, kräftig wachsenden Kirche.

ISBN 3-8299-4528-0